행정안전부 재난관리분야 전문인력 양성사업 교육교재

Issues and Challenges in Disaster Management

재난관리의 주요 이슈

엄영호 · 권설아 · 김성현 · 김용하
김윤희 · 남수정 · 류상일 · 안지수 · 정원희

도서출판 대영문화사

본 교재는 행정안전부 재난관리(방재안전분야) 전문인력 양성사업의 지원을 받아 작성하였습니다.

머리말

우리 삶에서 중요하게 자리잡은 보편적 가치가 무엇인가를 고민해본다면, 지금 우리는 아마도 안전이라는 가치를 떠올릴 것이다. 이 책을 집어들은 독자 모두가 공감할 것이다. 요즘 우리 사회에서 정치와 경제, 성장과 분배를 넘어 포용되는 가치는 안전과 환경이라고 생각된다. 재난은 특수한 이벤트로 이해되었으나, 지금은 우리 사회 어느 곳에서든 이야기되고 있는 주제로 바뀌었다. 재난의 특수성은 일상의 문제로 전환되었으며, 이는 문밖을 나가서의 문제가 아닌 내 공간 안에서의 삶 역시 재난은 이제 중요한 이슈로 등장하였다. 본 교재는 이러한 삶의 가치와 변화를 담아내고 싶은 교재이다. 재난관리라는 딱딱하고, 어렵고, 해결하기 쉽지 않은 문제를 담고 있는 기존의 수많은 책들과는 차별화되고 싶었다. 그래서 우리는 흥미롭게 재난에 접근하고자 하는 마음으로 집필을 시작하였다.

본 교재는 각자의 전공에서 재난을 접목하고 안전의 가치와 재난의 이슈를 끊임없이 고민하고 공부해온 저자들의 결과물이다. 현대 사회를 관통하는 재난의 핵심은 인간이다. 인간이 재난을 제도적으로 정립하고 인문학적으로 매개하기 위한 레토릭(rhetoric) 차원의 접근을 통해 재난의 맥락을 새롭게 이해하고자 한다(제1장). 인간이 재난의 핵심으로 이해됨에 따라 인간이 갖는 정서적 감정의 상징성과 이미지에 대한 관심 역시 증대된다. 재난이 부정적으로 증폭되고, 인간의 정서는 시간적 확장성과 공동체 상호 간의 공유와 소통을 통해 다양한 감정으로 분출되게 된다. 재난이 주는 불평등과 재난에서 벗어나기 위한 투쟁에도 불구하고, 재난 상황에서는 사회적 자원과 기회가 제한되게 된다. 우리는 서로를 혐오할 수 있는 상황에 처하게 되는 것이다(제2장). 재난의 부정적 영향을 줄이기 위한 자원의 배분과 대응 전 과정이 재난관리에 포함된다. 대응부터 복구까지 전 과정에 있어서 커뮤니케이션은 모든 이해당사자들에게 재난정보의 수집 및 처리, 저장, 검색, 전달의 역할을 하게 된다. 가짜뉴스와 스팸, 피싱메시지까지 재난은 미디어와 접목하여 다양하게 전파되고, 문제 상황을 복잡하게 만들기도 한다. 따라서 재난은 재난을 이해하는 리터러시가 중요하다(제3장).

재난은 인간과 밀접하게 연계되어 있고, 재난이 만들어내는 불평등은 취약계층에 대한 관심이 증가되어 가지만 반면, 재난을 관리하는 사람들에 대해서는 상대적으로 무관심한 것이 사실이다. 재난관리자는 이미 영미권에서는 전문직업으로 자리를 잡았고, 직업 윤리의 관점에서 일반적인 공공부문의 종사자보다 더 높은 수준의 윤리수준이 요구된다. 그러나 재난을 이해하기 어려운 점 중 하나는 재난의 불확실성에 있다. 동일한 재난 유형이어도 전개 양상과 피해 규모는 늘 다르게 나타나고, 예측하기 어렵다. 또한 재난에 노출된 사람들이 요구하는 정부와 공무원에 대한 기대 역시 다르고 다양하다는 점에서, 재난은 필연적으로 윤리적 갈등이 수

반되게 된다. 한 가지 더 논의하자면, 재난 초기 투입되는 초기 대응자들은 직업적 역할의 성실한 수행과 공공의 이익을 달성하기 위하여 노력하게 된다. 그러나 이들은 동시에 자신 스스로의 보호와 가족 등 직접적 이해관계자에 대한 책임까지 그 딜레마에 빠지게 된다(제4장). 결국 재난은 그 안에 인간의 관계인 것이다. 스스로를 책임질 수 있거나 일정부분의 역량을 지니고 있다면 조금은 이 문제에서 자유로울 수도 있을 것이다. 그러나 아직 성숙되지 못한 신체와 판단 능력을 지니고 있는 아동은 어떠할까? 우리나라에서 아동이 사망하는 가장 큰 원인은 질병이 아니다. 각종 사고가 가장 큰 사망 비중을 차지하고 있다는 점에서 우리는 조금 더 관심의 폭을 넓혀야 할 것이다. 아동에 대한 교육과 재난 취약성을 살펴보는 것은 재난을 바라보는 관점을 조금은 더 넓게 만들어 줄 것이다(제5장).

현대 사회에서 재난은 단일 국가의 노력으로 해결하기 어려울 수도 있다. 심지어 한 번의 재난발생은 전 세계가 심각한 위기와 생존의 문제를 고민하게 만들 수도 있다. 재난은 그 어느때보다 국제사회의 협력이 강조되고 중요하게 논의된다. 이는 자연재난뿐만 아니라 사회재난에서도 동일하게 간주되어야 한다. 이러한 국제사회의 협력과 노력을 살펴볼 수 있는 것이 바로 공적개발원조(ODA)이다. 선진국과 개발도상국의 발전격차를 줄이기 위한 국제사회의 구체적 노력이자, 재난의 단계별 대응을 위한 인도적 지원의 중요한 역할을 수행하기 때문이다(제6장). 재난의 국제 협력과 글로벌 대응은 기후변화라는 새로운 위기와 맥락을 함께한다. 우리가 국제사회에서 가장 관심을 많이 갖는 국가 중 하나는 북한일 것이다.

북한의 재난은 접경지대를 공유하고 있다는 점에서도 그 어떤 나라보다 관심을 갖아야 한다. 북한은 전 세계에서 기후변화에 가장 취약한 국가 중 하나로 평가받고 있고, 특히 홍수의 위험성이 높다. 북한의 홍수는 우리나라로 연결된다. 북한 재난의 취약성 및 주요한 재난의 특성에 대한 관심이 높아질 필요가 있는 것이다(제7장).

결론적으로, 본 교재는 재난에 대한 기본적 관심부터 그 범위의 확대까지 독자들의 시야를 넓히고 재난에 대한 맥락과 이해를 높이는 데 기여하고자 한다. 각각 주제별로 흥미롭게 접근할 수 있도록 구성하여 학부부터 대학원까지 충분히 활용될 수 있을 것이라 기대한다. 물론 일반 독자에게도 재난에 대한 관심을 높일 수 있을 것이다. 마지막으로, 본 교재는 여러분의 일상 속 안전의 가치가 재난 상황에서 더욱 긍정적 영향을 미칠 수 있는 마중물이 되기를 기대한다.

본 교재는 행정안전부 재난관리(방재안전분야) 전문인력 양성사업의 일환으로 개발되었다. 교재 출판의 뜻을 함께하고 전문지식을 간결하고 이해하기 쉽도록 집필해주신 저자분들께 다시 한번 감사드린다. 또한 출판의 전 과정에서 힘을 쏟아주신 임현준 부장님과 임춘환 대표님께 진심으로 감사드린다. 빠듯한 일정에도 불구하고 교정에 힘을 써주신 모든 분들께도 감사의 인사를 전한다.

2023년 8월

저자 대표 **엄영호**

차례

머리말 /3

제 1 장 재난과 레토릭

1 재난 OS 레토릭 15

2 로고스로서의 재난 20

3 파토스로서의 재난 25

4 에토스로서의 재난 29

5 재난안전휴먼 OS 34

제2장 재난과 혐오

1 재난과 혐오 41

2 재난과 사회적 배제 44

3 재난과 혐오 사례 49

4 재난 발생 시 혐오 대상이 갖는 특성: 취약성 56

5 혐오 현상에 대응하는 재난정책 마련을 위한 제언 59

제3장 재난 커뮤니케이션과 리터러시 격차

1. 재난의 정의와 종류 73
2. 재난관리와 커뮤니케이션 75
3. 재난 커뮤니케이션과 취약계층, 리터러시 83
4. 재난 커뮤니케이션 연구동향 90

제4장 재난과 윤리: 재난관리자가 가져야 할 직업적 윤리

1 들어가며 103
2 재난관리자와 재난관리의 업무 특성 104
3 전문직업으로서의 재난관리자와 직업윤리 106
4 재난 상황과 윤리적 딜레마 111
5 윤리적 규범에 의한 의사결정 114
6 재난관리자로서 윤리적 행동을 위한 기본 원칙 119
7 결언 122

제5장 재난과 아동안전교육

1 아동안전의 중요성과 법적 근거 127
2 재난안전교육 130

제6장 재난과 ODA

1 서론 155
2 재난관리를 위한 글로벌거버넌스 157
3 재난관리와 ODA 166
4 재난관리 ODA의 주요 과제 175

제7장 재난과 남북한 협력

1 서론: 기후변화와 새로운 위기의 시대 183
2 신흥안보와 기후변화 185
3 한반도 기후변화와 북한 191
4 기후변화로 인한 북한의 재난 194
5 북한의 대응 노력 201
6 결론: 남북한 협력 방향과 과제 205

찾아보기 211

제 1 장

재난과 레토릭

1 재난 OS 레토릭

현대 사회는 DX(Disater Transformation) 시대로 진입하고 있다. 재난이 삶의 보편적 영역에서 활성화되고, 그에 대한 방재의 가치와 의미를 정립하는 일이 시급하다. 재난의 특수성이 보편적으로 출현하는 상황에서 재난을 실시간으로 대응하는 논리만으로는 재난에 적극적으로 대처할 수 없다. 그렇기 때문에 재난의 보편사를 이해하고 국가와 국민이 상호 간에 유기적 관계를 맺는 동시에 사회와 시민이 자율적으로 재난을 인식하는 과정을 거쳐야 한다. 아울러 DX에 올바르게 대처하기 위해서는 재난이 인간에게 제시하는 모습을 레토릭(rhetoric) 차원에서의 재난을 이해하고, 이를 토대로 인간이 재난을 제도적으로 정립하는 일과 인문학적으로 인식하는 일을 매개해야 한다. 재난 OS 레토릭은 재난이 작동하는 방식이 하나의 수사학으로 인간에게 제시되고, 인간이 재난 OS를 토대로 대처하고 대응하는 세계를 뜻한다.

인류는 생존과 실존의 에쿠멘(ecoumen)을 확립하였다. 에쿠멘은 사람이 살아가는 거처이다. 애초 인간이 살아가는 거처는 안전하지 못했다. 안전하지 못한 삶의 거처에는 온갖 재난이 엄습하였다. 인류 문명사는 재난 폭력에서 안전한 삶을 유지하기 위한 과정이라고 볼 수 있다. 인류는 안전한 삶을 살기 위해 문명을 건설하였다. 그런데 문명화된 삶의 공간은 역설적으로 불안전한 삶의 토대가 정립되기도 하였다. 이러한 상황에서 인간은 실존의 에쿠멘을 추구하였다. 개인이 자율적으로 시공간을 선택하고, 개인 안전을 위한 결정을 적극적으로 동참하는 일이 발생하였다. DX 시대의 생존과 실존의 에쿠멘은 안전한 삶을 위한 생존의 한계를 수용하고, 실존의 가능성을 자기화하는 일이 중요하다.

인류는 신화, 자연, 인간의 단계를 거치면서 재난을 예방하고 재앙을 차단하였다. 신화, 자연, 인간과 결합한 재난은 일종의 폭력이다. 인간이 폭력에서 벗어나기 위해서는 폭력으로서의 재난이 작동하는 수사학을 해석할 수 있어야 한다. 신화와 자연의 재앙은 순간적으로 인간의 삶에 영향을 끼친다. 인간은 자연의 습격에서 벗어나기 위해 신화적 세계를 갈망했다. 인류는 재(災)의 공포와 불안에서 벗어나기 위해 신화의 세계를 상상하였다.

신화의 시대에는 신적 가치가 중요하다. 신적 판단이 모든 결정과 선택의 기준이었다. 신성한 신의 위협은 인류의 삶을 훼손하기도 하지만, 삶의 신성함을 수용하는 과정에서 인간의 오만함을 단죄하였다. 이른바 재(災)의 미토스(mythos)는 다양한 위기를 유발하였고, 이를 통해서 세속화 과정에서 발생할 문제들을 사전에 제어하는 기능을 담당하였다. 신화적 재난은 불가항력적 폭력이 발생하는 상황이다. 신화적 시대의 재난은 현대 사회에 진입하면서 재난 신화로 변모하고 있다. 재난 신화는 과학적으로 실시된 연구결과를 통해 잘못이라고 입증된, 재난 발생 시 인간 행동에 관한 믿음이다(김만재, 2007: 32). 재난이 신화처럼 수용되면서 각종의 재난에 비합리적으로 대처할 수 있다. 신화로서의 재난과 재난으로서의 신화가 상호작용하면서 재난에 능동적으로 반응할 수 있는 힘이 소진될 수 있다.

자연의 시대에는 자연의 신성함을 중시한다. 자연을 발견하면서 신화의 세계와 결별하였다. 자연의 물질적 시공간은 세계관의 변화를 유발하였다. 자연은 인간이 생존하기 위한 필수조건을 제시하고, 자연의 신성함은 신적 가치를 부여받기도 하였다. 그러나 자연 역시 불가항력적 위력을 발휘하면서 인간의 삶에 침범하였다. 온갖 자연재해는 인간이 문명과 문화를 일구면서 마련한 토대를 일시에 무너뜨릴 수 있다. 자연재해는 자연적인 힘에 의하여 지역사회가 장애를 입는 것이다(홍기원, 2005: 118). 태풍, 홍수, 화산 폭발, 산불, 지진과 해일, 가뭄 등 자연이 제시하는 재난은 예측불가능성이 크고 자연 폭력의 강도가 강력하다. 자연재해는 공멸의 세계를 제시한다. 자연재해가 휩쓸고 간 세계에서 인간은 절망을 표출한다. 자연의 숭고한 모습은 인간이 자연의 신성함을 파괴하는 순간 드러난다.

인간의 시대에는 STEM(Science, Technology, Engineering, Mathmethics)을 통해 신화와 자연의 충격에서 벗어나고자 하였다. 과학, 테크놀로지, 공학, 수학은 신화와 자연의 권위를 해체하였다. STEM의 세속화가 진행되면서, 신화와 자연에 대한 공포와 불안을 극복하였다. 인류는 신화와 자연의 재해(災害)에서 벗어나기 위해 노력하였다. STEM이 생존 환경을 유기적으로 변화시키는 과정에서 위기를 극복하고 재난을 방지하는 조건을 마련했지만, 역설적으로 재앙의 상황을 초래했다는 점을 간과할 해서는 안 된다. 인간은 신화와 자연의 주도권을 거머쥐면서 자신들만의 세계를 새롭게 형성하였다. 재난의 신화, 자연, 인간으로 이어지는 과정에서 출현한 재난의 비상상태(Ausnahmezustand)에 민첩하게 대처하기 위해서는 재난 OS 레토릭을 새롭게 인문학적으로 접근하는 과정이 필요하다. 현대 사회에서는 재난의 비상상태에 대한 대비를 주기적으로 업데이트할 수밖에 없다. 재난의 비상상태는 예외적이지 않다. 재난의 비상상태는 영속적이다. 현실의 매순간은 재난이 발생할 수 있는 토대를 마련하고 있다. 재난의 상시화는 인간이 재난을 특별한 상황으로 생각하지 않고 무감각을 유발할 수 있다.

재난 OS 레토릭을 인문학적으로 성찰하기 위해서는 재난을 둘러싼 환경에서 발생하는 수사학의 맥락을 다시 인식해야 한다. 재난 OS 레토릭은 재난의 로고스(logos), 파토스(pathos), 에토스(ethos)를 분류하고, 이를 토대로 재난 발생 전후 인간이 재난을 어떻게 인식하고 대응할 수 있을지를 마련할 수 있다. 수사학에서 로고스는 언어와 근거를 통해 말하고자 하는 바를 설득시키는 요인으로 규정짓는다. 화자는 자신이 전달하는 내용을 청자가 납득할 수 있는 요소를 구체적으로 제시해야 한다. 이런 과정을 거쳐 화자는 논리적으로 명백하게 자신의 의도를 전달할 수 있다. 수사학에서 파토스는 열정과 격정과 같은 감정의 세계를 다룬다. 파토스로서의 재난은 인간의 감정을 극단적으로 자극한다. 파토스는 고통과 병에서 유발하는 이간의 감정적 반응을 나타낸다. 수사학에서 에토스는 화자가 윤리적 측면을 중심으로 청자를 설득시키는 과정이다. 에토스는 발화의 진실과 신뢰를 기반으로 작용한다. 요컨대, 재난은 수사학의 세계이다. 로고스, 파토스, 에토스의 재난은 인간을 지배한다. 인간은 재난의 수사학을 인식하는 과정을 거쳐 재난과 투쟁한다. 재난은 파국, 파멸, 종말과 같은 재앙의 수사학을 담고 있다.

재난의 사전 혹은 사후 과정은 인간이 타인과 세계를 성찰할 수 있는 계기를 제시한다. 재난의 인문학은 재난의 보편성과 특수성을 동시에 고찰하면서도 앞으로의 시대에 필요한 재난 OS 레토릭을 정립하는 일에서 시작한다. 그렇기 때문에 재난 OS 레토릭은 인간이 재난 상황을 이성적으로 대처하고, 열정으로 반응하고, 공감으로 연대할 수 있는 가능성을 탐색하는 일을 업그레이드하는 일에 속한다. 재난의 수사학에 일방적으로 수렴되지 않기 위해서는 재난이 수사학적으로 제시되는 상황을 통합적으로 인식하면서도 주체적으로 대응하고 주체 간 연대의 가능성을 확보하는 일에서 시작되어야 한다. 재난 OS 레토릭은 자칫 무비판적으로 수용한 채 재난 상황 자체에 허무주의적으로 반응할 수 있다. 인류의 과거 속에는 숱한 재난의 지층이 쌓여 있다. 그렇지만 인류는 재난의 무지막지한 폭력에 무기력하게 노출되면서도 인류의 삶을 점진적으로 개선하고 각자의 삶의 영역을 안전하게 유지하기 위한 노력을 게을리하지 않았다.

요컨대, 재난 OS 레토릭이 인간을 설득시키기 위해 작동하는 맥락을 냉철하게 파악하고, 재난 폭력의 작동과정에 발생할 오류를 사전에 차단하는 일이 중요하다.

2 로고스로서의 재난

로고스(logos)로서의 재난은 인간이 재난을 이성적으로 반응하는 과정이다. 재난이 인간의 삶에 출현하는 방식을 논리적으로 이해하는 과정이다. 재난은 이성적으로 삶에 습격한다. 재난의 의도성은 명백하다. 재난은 재난의 의도를 명증하게 제시한다. 그러나 인간은 재난이 보여주는 세계를 일차적으로 수용하면서도 재난 상황에서 인간적 의도를 포기하지 않는다. 재난이 객관적으로 시각적 붕괴와 해체를 일목요연하게 보여주기 때문에, 인간이 재난의 로고스를 인식하는 일은 평이할 수 있다. 그렇지만 시각적 객관성이 명증한 재난 상황에서 인간은 이성적으로 판별해야 하는 상황에 직면한다. 자신을 둘러싼 환경에서 발생한 불가해한 재난에 어떻게 대처해야 할지를 선택하는 일은 쉽지 않다. 인간은 신화와 자연의 재난에 수동적으로만 반응하지 않았다. 인간이 재난을 이성적으로 인식하는 일은 재난을 객관적 상황으로 받아들이는 과정을 뜻한다.

재난과 인간은 로고스를 중심으로 상호 간에 소통한다. 재난은 인간의 삶의 영역에 예외를 두지 않는다. 모든 시공간에 균질하게 재난 상황이 적용되고 피해를 속출한다. 이러한 모습은 신화적 혹은 자연적 재난의 모습과 유사하지만, STEM의 결과물이기도 한다. 신화적, 자연적, 인간적 재난이 순차적으로 인류의 삶을 파괴하는 양상이 극대화되는 상황에서 인간은 재난의 무예측성과 무자

비성을 선제적으로 대응하고 대처해야 한다.

로고스로서의 재난은 인간에게 고통을 선사한다. 인간은 시각적으로 명증하게 제시되는 재난 상황에서 자기 자신의 의미(meaning)를 상실할 수 있다. 의미 상실과 희망 포기의 상황에서 벗어나기 위해서는 로고테라피(logotherapy)의 형식을 고려할 수 있다. 빅터 프랑클(Viktor Frankl)은 로고테라피를 통해 고통에 처한 인간을 치유할 수 있다고 말한다. 그는 현대인이 실존적 공허에 빠져 삶의 의미와 가치의 붕괴와 상실을 겪는다고 규정짓는다. 즉, 로고테라피는 의료적 영혼치료를 위해 정신과 의미를 뜻하는 로고스를 중심으로 정신으로서의 영혼에 대한 염려를 표방하고, 인간의 실존분석을 통해 자기 자신을 넘어 의미를 추구하는 인간에 대한 탐구이다(주해연, 2022: 3588-3591). 재난의 스펙터클에서 위축된 자아를 발견하고, 자신의 내면에 공포와 불안을 극복할 수 있는 잠재력을 도출하는 과정은 로고스로서의 재난에 무비판적으로 대응하는 자세에서 벗어날 수 있다.

재난은 인간이 일상에서 무기력하게 살아가는 순간을 역설적으로 자각하게 만든다. 우리가 살고 있는 공간이 파괴되는 상황에서 자칫 일상에 매몰될 수 있다. 이러한 순간에 재난은 불법적으로 우리 삶에 침범한다. 그렇기 때문에 재난이 보여주는 객관적 상황을 냉철하게 파악하는 순간은 중요하다. 재난 전 상황에서 인간은 세계를 안전하다고 생각한다. 그러나 재난 후 인간은 세계의 불안전성을 발견한다. 로고스로서의 재난이 인간에게 보여주는 비참한 상황은 일상성에 빠진 채 살아가는 방식을 성찰하게 만든다.

재난은 고통을 불러 일으킨다. 예상하거나 혹은 예상하지 못한 붕괴의 흔적을 목격하는 일은 고통스럽다. 특히, 재난 상황에 처한 모든 인간은 고통스러운 기억에서 쉽게 벗어나지 못한다. 재난은 무의식처럼 인간을 지배한다. 자연과 사회에서 발생한 재난은 의식적으로 인식되기도 하지만, 재난 후에도 강력하게 인간의 멘탈을 지배한다. 재난이 강력하게 논리적이고 이성적으로 재난의 의도가 우리에게 전해지는 상황에서 무기력하게 재난의 고통에만 머물 수는 없다. 인간은 고통 속에서 자신만의 실존적 의미를 찾기 위해 노력한다. 생존과 실존의 경계에서 생존의 욕망과 실존의 열망이 우리 삶에 자리잡고 있다. 재난 고통은 육체적 혹은 정신적 의미에서 인간을 억압한다. 육체적으로 훼손된 상황에서 온전하게 일상을 살아갈 수 없는 상황에서 자신만의 욕망을 추구할 수 없다. 아울러 정신적으로 위기에 처한 상황에서는 자신만의 의식을 온전하게 구현할 수 없다. 이러한 상황에서 인간은 실존을 향한 열망을 탐색한다. 재난의 고통은 무의미한 경험을 동반한다. 본인과 타인이 상호 간에 연결된 지점이 소멸한 상황에서 무의미한 시간과 공간만이 적나라하게 드러난다. 무의미는 환각과 환멸을 불러일으킨다. 무의미한 환각은 현실을 제대로 파악할 수 없다. 무의미한 환멸은 현실을 외면하게 만든다. 재난의 리얼리티는 즉각적으로 반영된다. 세대와 계층을 막론하고 일시에 견고한 모든 것을 붕괴하는 상황에서 일체를 무의미한 것으로 재편될 수밖에 없다. 무의미한 의미를 도출하기 위해서는 고통을 외면하지 않고 수용하는 과정을 거쳐야 한다. 인간은 극한 상황에서도 자신만의 가치와 의미를 찾기 위해 부단히 노력한다.

근래 인류세(anthropocene)라는 재난에 대처하기 위해서는 인류가 자연과 사회에 끼친 해악을 성찰하는 일 못지않게 이를 해결하기 위한 인간학적 실천이 수반되어야 한다. 위험사회(Risikogesellschaft)는 근대 사회의 위험 요인을 발견하고, 이에 대한 성찰적 근대성을 확보하는 일을 지향하는 과정에서 위험을 해결할 실천 동력을 확보하는 일을 간과할 수 있다. 그렇기 때문에 위험사회론의 관점에서 고찰한 현대 문명의 위험을 고찰하는 일 못지않게 위험 요인을 안전한 요인으로 변환하고, 위험을 관리할 수 있는 제도와 정책을 마련하는 일이 중요하다. 이러한 관점에 보면, 인류세는 환경재난과 사회재난과는 달리 인간재난으로도 간주할 수 있다. 인류세를 극복하는 방식으로 탈성장(degrowth) 담론이 논의되고 있다. 탈성장 담론은 인간의 물질 욕망을 적절하게 제어하는 방식을 통해 성장의 불평등을 해결하려는 전략이다. 그렇지만 탈성장 담론은 인간의 욕망을 제어하는 데 윤리적 시각에서 접근한다. 인간의 소유욕을 충족시켜주지 못하는 담론은 필연적으로 현실적 대안을 제시하는 데 실패할 수 있다. 인류는 기술과 기계를 통해 진보의 삶을 가속화하는 데 몰두하였다. 성장률이 한 사회의 경제적 척도로 간주되는 상황에서 삶의 영역은 진보의 속도를 가속화시키는 시스템을 만들려고 하였다. 그렇지만 전 세계적으로 성장 가치는 설 자리를 잃어가고 있다. 고도 성장 사회의 수치를 향상시키려는 움직임이 있지만, 성장 사회의 모델이 보편화된 상황에서는 더 이상 성장의 모멘텀을 확보하는 일은 쉽지 않다. 이러한 상황을 타개하기 위해 성장률을 올리기 위한 정치경제적 정책을 접목하고 하지만, 이 역시 실질적으로 성장을 위한 가능성이 보이지 않는다. 그런데 성장률이 높지 않게 된다는 점을 부정적으로만 생각할 필요가 없다. 성장이 인위적으로 높일 수 없다는 점은 사회적 혹은 국가적으로 성장 단계를 넘어 성숙 모델에 진입했다고 볼 수 있다. 그렇다면 성숙 사회 모델에 필요한 가치와 윤리를 정립하는 일이 시급하다. 이른바 슬로다운의 단계에서 그간 간과했던 영역을 점검하고, 이를 활용하는 방식을 염두에 둘 필요가 있다. 진보와 진화의 도달점이 과연 인간을 행복으로 유인할 수 있을지에 대한 의문이다. 진보의 폭주를 제어하기도 전에 이미 자체적으로 진보의 내부에서 제어가 작동하고 있다. 인위적으로 성장을 위한 노력을 기울이더라도, 슬로다운의 기세를 막을 수 없다. 슬로다운은 저출산과 저성장이 우리 삶에 자리잡아가고 있고, 대가 속의 시스템은 점점 제대로 작동하지 못하고 있다. 부채, 데이터, 기후, 기온, 인구, 출산율, 경제 등 모든 영역에서 슬로다운이 진행 중이다. 이러한 점을 염두에 둔다면, 슬로다운을 있는 그대로 수용하면서 무가치하고 무의미하게 진보의 동력을 확보하기보다는 평등하고 안정적 세상을 창출하는 일이 중요하다. 지금 작동하고 있는 경제 시스템의 익숙함에서 벗어나 훨씬 안정적이고 합리적 시스템의 필요성에 대한 요구가 등장하고 있다(대니 돌링, 2022: 98). 슬로다운의 순간을 맞이하면서 느림의 가치만을 중시해서는 곤란하다. 영속적 슬로다운이 느림과 가속의 통합하고 융합하는 라이프스타일을 정립해야 한다.

위험으로서의 재난인 인류세를 극복하기 위해서는 인간이 가속화의 경로 과정에서 발생한 문제를 인간이 해결할 수밖에 없다는 점 역시 수용해야 한다. 특히, 인류세를 극복하기 위한 동반자 관계 윤리를 고려할 수 있다. 동반자 관계 윤리는 인간 사회들과 비인간 공동체들 간의 평등, 인간과 다른 생물종 모두에 대한 도덕적 배려, 문화 다양성과 생물 다양성 모두의 존중, 윤리적 책임을 다룬 법령에 여성 소수자, 비인간 자연을 포함하기, 인간 사회들과 비인간 공동체 모두의 지속적인 번영에 부합하는, 생태적으로 온전한 방식의 관리이다(캐럴린 머천트, 2022: 224). 지속가능한 시대를 마련하기 위해서는 인간과 비인간이 재난 상황에서 부득이하게 맞이한 파국을 동반자 의식을 근간으로 주체들 간의 냉철한 상황 판단을 추진해야 한다.

요컨대, 로고스로서의 재난은 재난이 파국적으로 보여주는 상황을 인간이 이성적으로 인식하고, 재난의 이성적 설득 과정에 맹목적으로 참여하지 않고 자각적으로 재난 상황을 타개할 수 있는 힘을 동시에 확보하는 일이다. 현대 사회에서는 잔혹한 세계 증후군(mean world syndrome)에 익숙하다. 냉소주의, 염세주의, 비관주의가 만연하고 있는 세계에서 재난의 공포와 불안에서 벗어나 재난의 리얼리티를 현실주의적 관점에서 고찰하는 과정이 필요하다.

3 파토스로서의 재난

파토스(pathos)로서의 재난은 인간이 재난을 감정적으로 반응하는 과정이다. 재난 풍경은 압도적이다. 재난은 인간이 파악할 수 있는 세계 너머의 모습이다. 일상을 살아가면서 재난의 흔적을 감지하지 못한다. 예감하지 못하는 순간, 재난은 그 모습을 드러낸다. 인간이 인식할 수 있는 대상은 시각적으로 한정적일 수밖에 없다. 시각 속에 포착된 모습만 인간은 인식할 수 있다. 시각에 포섭되지 못한 세계가 눈앞에 드러나면 인간은 속수무책이다. 재난은 객관적으로 인식 너머의 모습이기 때문에, 재난을 인식하는 인간은 초라해질 수밖에 없다. 위축된 인간은 재난이 보이는 파국과 파멸을 감내한다. 그렇다면 재난의 파국과 파멸을 누가 초래했는가? 신화시대의 재난은 초월적 신이 주재한다. 근대 사회에서는 인간이 초월적 신의 자리를 차지하였다. 근대인은 실증주의에 기반한 실용성과 효용성을 중심으로 일상 세계를 지배하였다. 산업화와 도시화는 자본주의를 결합하였다. 자본에 대한 욕망은 무한 증식하면서 전 지구적 재난 상황을 초래하였다.

현대 사회에서 위기와 재난 넘어선 곳에서는 파국과 파멸을 거친 종말론 사유가 자리잡고 있다. 재난 상황은 하나의 쇼크로 다가선다. 기존의 견고한 물리 세계는 재난 상황에서는 파괴될 뿐이다. 재해와 인재에 대한 사람들의 생각은 다르다. 재해는 불가피하고 인재는 불가항력이라고 간주한다. 파국과 파멸의 세계관은 기존 시스템을 부정적으로 생각한다. 재난은 부서진 정지 상태이다. 일상을 채우고 있는 사물의 흔적을 부수고 무너뜨린다.

인간은 무너진 세계에서 르상티망(ressemtiment)을 체험한다. 르상티망은 의미없는 고난과 죽음을 수용할 수밖에 없는 부조리한 상황에 처한 환경에 대한 분노와 복수의 감정이다. 특히, 근대 사회에서 인간 폭력으로 출현한 재난에 속수무책인 상황에서는 르상티망이 작동한다. 재난에 대한 원한 감정은 재난의 무자비함에 대한 반발이다. 재난의 인과관계를 파악할 수 없는 상황에서 자기 앞에 출현한 재난은 이해할 수 없다. 그렇기 때문에 원한감정이 생성하고 재난에 댜처하기 위한 형식을 추구한다.

수전 케인(Susna Cain)은 『비터스위트』에서 달콤씁쓸한 감정의 가치의 현황과 역사적 계보를 두루 살피고 있다. 긍정 감정과 부정 감정을 혼합한 형식이 우리 삶을 행복으로 이끌 수 있다. 그런데 우리 사회에서 인위적 긍정 감정을 강요하고, 부정 감정의 가치를 은폐하려는 경향이 강하다. 긍정 감정은 배타적 태도를 취한다. 부정 감정은 공감의 태도를 취한다. 인간은 타인의 불행을 외면할 수 있지만, 실질적으로 자신이 부정적 상황에 처한 경험이 있을 경우에는 자신의 경험에 근거해 타인의 불행에 관심을 드러낸다. 그런데 현대 자본주의 사회에서는 긍정 감정만을 개인에게 강요하는 횡포가 삶의 곳곳에 널려 있다. 현대 미국에서 나타나고 있는 낙천주의가 역설적으로 인간들에게 책망받고 있는 감정들을 양산하고 있다. 부정 감정의 창의성, 초월, 사랑으로의 전환을 구성하기 위해서는 부정 감정의 열망을 새롭게 해석하는 과정이 필요하다. 긍정 감정의 가치는 실패자를 생산한다. 실패자는 자신이 불운과 불행의 주체라고 자기 파괴적 태도를 보인다. 결국 부정 감정을 숨기지 않고 타인과 소통하면서 부정 감정의 속성과 실체를 상호 간에 확인하는 과정을 거쳐야 한다. 이러한 과정을 거쳐 '권리를 박탈당한 슬픔(disenfranschised grief)'의 양상을 파악할 수 있다. 아울러 현대인들은 노력이 필요 없는 완벽함을 추구하기 위해 이율배반적 태도를 취하기에 급급하다. 긍정의 횡포는 직장과 사회에서 확인할 수 있다. 현대 사회의 직장과 사회에서는 긍정 감정을 숭상하고 부정 감정을 부정한다. 그렇기 때문에 겉으로는 문제가 없어 보이지만, 사람들 사이의 불신은 지뢰처럼 숨겨져 있다. 감정의 민첩성(emotional agility)가 중요해지는 상황에서, 본인과 타인의 감정이 작동하는 맥락을 면밀하게 살펴보아야 한다. 이러한 점을 재난 상황과 연결해보면, 재난 상황에서 박탈당한 슬픔을 복원하고 재난 치유의 타율성에서 벗어나 재난 감정의 공유성을 확장할 수 있다.

인간은 재난 상황에 감정적 동일시를 체험한다. 재난 상황에서는 복잡다단한 감정이 분출한다. 직시할 수 없는 재난 상황을 경험하는 과정에서 고통을 겪을 수밖에 없다. 이러한 과정에서 인간은 신체적 혹은 정신적으로 통증을 체험한다.

그렇다면 재난을 수용하는 인간의 내면에는 무엇이 자리잡고 있는가? 우선은 분노의 감정이 발생한다. 이성적으로 수용할 수 없는 모습을 받아들여야 하는 역설적 상황에서 스스로가 납득할 수 없는 상태에서 재난의 역습에 대해 분노의 감정을 표출할 수밖에 없다.

재난이 불러일으킨 분노 상태 이후에는 안도감이 발생한다. 재난 발생 이후 생존자들은 자신의 살아 있음에 위안을 받는다. 그렇지만 안도감에 빠진 생존자는 부재하는 타인을 기억하려고 한다. 재난 감정은 존재와 부재의 경계에서 스스로 무너지지 않기 위한 정신을 유지해야 한다.

요컨대, 파토스로서의 재난은 재난이 파국적으로 보여주는 상황을 인간이 감정적으로 인식하고, 재난의 감정적 설득 과정에서 무비판적으로 동일성을 추구하지 않고, 재난 상황의 모순을 명확하게 파악하는 힘을 동시에 마련하는 일이다.

4 에토스로서의 재난

에토스(ethos)로서의 재난은 인간이 재난은 윤리적으로 반응하는 과정이다. 재난 사회는 인간이 도달한 곳이다. 포스트 재난 사회를 정립하는 일은 초월적 신의 자리를 독점한 인간의 한계를 단순하게 성찰하는 일만으로는 불가능하다. 위험을 성찰하는 순간조차 재난은 발생할 수 있다. 임계점을 넘어선 상황에서는 재난 발생은 투명하지 못하고 예측이 불가능하다. 재난은 일거에 모든 시공간의 모순을 파괴된 형식을 통해 드러낸다. 재난의 로고스와 파토스에 은폐된 상황을 여지없이 폭로하는 순간 에토스로서의 재난 의미를 파악할 수 있다. 질서 있게 구획된 공간은 무너지고 부서지면서 인간이 기존 생활에서 알아차리지 못했던 가치와 의미를 복원하는 형식을 드러내기도 한다.

현대 사회에서는 타자화의 모습이 다양하게 나타나고 있다. 타자를 승인하고 인정하는 것이 아니라 무자격과 무인칭의 존재로 간주하는 태도가 보인다. 재난이 보여주는 윤리적 상황은 타자를 타자화한 상황을 되새겨볼 시간을 제시한다. 벌거벗겨진 인간과 세계는 실존적 모습을 원초적으로 형성한다. 타자의 타자화를 리부팅하는 과정은 재난 후의 인간이 수용해야 할 태도이다. 타인을 포용한 타자 영역을 무한대로 확인하고, 이를 토대로 개선할 수 있는 시공간이 바로 재난 상황이다.

인간은 타인에게 다가가서 말을 건네는 역량을 지니고 있다.

낯선 자에게 다가서기 위해서는 용기가 필요하다. 나의 다가섬이 타인에게 당혹스러운 사건이 될 수도 있다. 익숙함과 낯설음이 교차하는 상황에서 서로가 이야기를 나눌 수 있는 상황이 점점 줄어들고 있다. 그러다 보니 현대인은 독백을 지향한다. 분명 말을 건네는 상황임에도 불구하고 타인에게 전달되지 못한 채 자기만의 이야기를 하고 있을 뿐이다. 이러한 상황에서 개인은 고독의 단계를 지나 고립의 상황에 처하게 된다. 고립 속에 처한 개인은 타인을 갈망하면서도 개인에 머물 수밖에 없다. 대화가 사라지면서 공유 기억이 설 자리가 없어졌다. 무수하게 이야기를 하고 있지만 실질적으로 개인의 내면을 풍성하게 만드는 이야기가 존재하지 않는다. 그저 독백이거나 방백에 불과한 소음이 발생하고 있다. 익숙한 자와의 소통을 중시하는 태도는 부족주의를 강화한다.

조 코헤인(Joe Keohane)은 『낯선 사람에게 말을 걸면』에서 예의바른 무관심의 시대에 낯선 사람과의 소통과 교감의 가치를 구현할 방법을 제시한다. 그는 낯선 이와의 대화를 살아나는 전략으로 규정짓는다. 지금 이 순간 익숙한 존재들도 한때 낯선 존재들이었다는 점을 염두에 둔다면, 낯선 자와의 열린 감수성을 지향하는 태도는 재부팅하는 일이 시급하다. 그는 도시사회학자인 어빙 고프먼(Erving Goffman)의 예의 바른 무관심(civil inattention)을 토대로, 도시인들이 서로 경계를 넘어서지 않는 범위 내에서 침묵의 소통을 하는 풍경을 고찰한다. 결국 도시인들은 적당하게 타인과의 거리를 유지한 채 자기 보존 영역을 유지하기를 중시한다.

이러한 관점을 재난 상황과 접목해 생각해볼 수 있다. 에토스로서의 재난은 인간의 고립과 자립에서 벗어나 재난에 처한 타자에게 말걸기 순간을 마련해준다. 익숙함과 낯설음의 교차로에서 굳이 타인에게 말을 걸어야 할까에 대해서는 신중할 필요가 있다. 코로나19 상황을 거치면서 타인과의 거리두기가 시행되었다. 물론 거리두기에도 단점에 있다. 그러나 집단가치가 중시되는 사회에서는 거리두기의 장점이 더 많다. 개인이 거리두기 기간 동안 자기 충족적 삶을 자율적으로 선택할 수 있다. 낯선 사람들끼리 우선 적절하게 거리를 유지하면서 개인과 타인의 영역을 존중하는 자세가 마련되어야 한다.

고쿠분 고이치로(國分功一郎)는 『目的への抵抗』에서 목적 지향적 삶의 태도를 비판적으로 고찰한다. 그는 목적의 순수성만으로 적법과 합법의 수단을 모두 무조건 승인할 수 없다고 말한다. 인간은 목적을 충족하기 위한 수단이 아니다. 어쩌면 인간의 부자유를 유발하는 것은 목적에의 충실일 수 있다. 그렇기 때문에 자유로운 인간은 무비판적 목적의 한계를 성찰하고, 이에 대한 자유로운 사유를 전개할 수 있어야 한다. 현대 사회의 재난은 자연적 요인도 있지만 목적 지향의 삶에 기반을 둔 인간적 요인 때문에 발생하는 경우가 많다. 목적 지향적 삶은 목적을 실현하는 과정에서 발생할 문제를 면밀하게 살피지 않는다. 목적은 인간의 수단을 중시한다. 부자유스러운 인간이 목적만을 달성하는 과정에서 예기치 못한 부작용을 일으킬 수 있다.

사물 세계가 만연하면서 인간은 무엇을 할 수 있을지에 대한 논의가 분분하다. 사물 세계의 사물을 객체지향존재론으로 승인하면서 인간 주체의 모순을 폭로한다. 그렇다면 사물만의 세계는 온전하게 무모순의 형식을 취하고 있을지 의문이다. 사물 세계의 경제적 가치를 비판할 수 없는 상황에서 과연 사물의 부를 자치 특정 계층만이 불편함 없이 누릴 것은 아닐까? 그렇기 때문에 사물 세계의 정치경제학을 동시에 살펴야 한다고 생각한다. 사물 세계의 경제학에만 매몰된다면, 사물 세계에서 소외되는 인간에 대한 구제책을 일절 마련할 수 없다. 사물의 투명성을 논의하기에 앞서, 인간의 투명성도 고려해야 한다.

재난의 보편성에서 벗어나 재난의 특수성과 개별성을 동시에 고찰하면, 재난의 개별성이 묵살되는 상황은 문제적이다. 재난에 처한 개인의 개별성이 승인받지 못하면 재난에 대한 에토스는 무한적으로 증폭한다. 반면, 재난의 개별성만을 중시하면 재난이 발생하는 사회재난을 부정적으로 인식할 수 있다. 재난의 보편성과 특수성을 개별적으로 상호 간에 인정하기 위한 노력을 게을리해서는 안 된다. 재난 개별성은 보편성과 특수성을 조화와 화해의 가능성을 추구하는 일이 매개된다.

재난이 보편적 현상으로 규정되는 것은 올바르지 않다. 재난은 특수한 상황이면서도 개별적 상황에 속한다. 재난의 특수성과 개별성만을 추구하면서도 보편성으로 쉽게 귀결되는 맥락을 지속적으로 유예해야 한다.

재난이 화해로 수렴되는 것을 거부하고 지속적으로 재난 종결의 상황을 비상상태로 인식하는 과정이 중요하다. 재난이 일방적으로 화해될 수 있는 상황을 만들 수 있지만, 재난에 처한 보편자들과 개별자들이 상호 간에 특수한 상황을 윤리적으로 반응할 수 있는 시공간이 중요하다.

재난은 윤리적 상황과 직면하는 사건이다. 일상에서 타자를 타자화하는 프로세스에서 외면한 대상의 의미와 가치를 복원할 수 있는 계기를 제시한다.

재난 상징의 상황에서 파악하지 못했던 모순을 자각하는 순간이 재난의 알레고리(allegory)이다. 재난 상징에 종속되면 인간은 재난 파국에서 벗어날 수 없다. 인간은 재난 상징에 가스라이팅을 당한다. 재난 상징에서 벗어나 본인과 타인의 간극과 공백을 메울 수 있는 지점을 확보하기 위해서는 재난에 처한 타자의 세계를 무감각적으로 반응해서는 곤란하다.

재난의 알레고리는 재난의 파괴 속에서 생성의 가치를 발견하는 것이다. 재난 전의 절멸과 결별의 구조에서 연대와 유대의 가능성을 발견하는 것이다. 재난 소멸과 생성의 과정을 알레고리의 관점에서 바라보아야 한다. 인간은 재난의 습격에 속수무책으로 당하는 것처럼 보이지만, 인류는 지속적으로 재난 습격에서 벗어나기 위해 노력을 기울였다는 점을 생각해야 한다. 재난은 인간을 역설적으로 구원할 수 있다. 재난 알레고리는 답이 보이지 않는 상황은 견디는 힘을 제시한다. 이른바 소극적 수용력(negative capability)은 해법이 보이지 않는 재난 상징의 상황에서도 성급하게 해결법을 도출하는 태도를 지양하고, 보이지 않는 막막함을 견디면서 삶의 모순을 이겨내려는 힘이다. 재난 상징의 폭력에서 벗어나기 위해서는 재난의 모순을 지속적으로 변용하는 자세를 유지하고, 재난의 해체와 생성을 동시에 볼 수 있는 안목을 겸비해야 한다. 재난 알레고리는 에토스로서의 재난은 이성과 감점의 순간의 중립지대에서 인간이 재난에 맞설 수 있는 실천적 지혜를 마련할 수 있다. 인간은 재난 전에 타인의 삶에 무관심하다. 재난 후에는 자신을 포함한 타인의 삶이 관계를 맺고 있다는 점을 자각하고, 재난 속에서 안전한 삶의 지형을 마련하고 유기적으로 동반적 삶을 실현할 수 있는 방식을 탐색한다.

5 재난안전휴먼 OS

현대 사회에서 재난 레토릭 OS를 파악한 후에는 방재휴먼으로 거듭나기 위한 조건을 정립하는 일이 시급하다. 재난 레토릭 OS는 재난의 로고스, 파토스, 에토스가 제시하는 재난의 세계를 면밀하게 인식하는 일에 속한다. 재난이 레토릭 차원에서 인간의 삶에 보여주는 양상을 살피는 일은 인간이 안전한 삶을 위한 토대를 정립할 수 있다. 그렇기 때문에 안전한 삶을 위해 국가와 사회의 제도가 적절하게 마련되어야 한다고 생각할 수 있다. 그러나 다원주의가 자리잡고 있는 사회에서 개인의 안전을 국가와 사회가 전적으로 책임을 지는 일 역시 한계가 있다. 즉, 국가와 사회가 안전한 삶을 위한 시스템을 촘촘하게 구성하는 과정에서 안전의 사각 지대는 발생할 수밖에 없다. 재난안전휴먼은 재난의 공공성과 시민성을 동시에 구현할 줄 알아야 한다. 재난의 공공성은 재난이 개인의 문제가 아니라 공공의 현안이라는 점을 인식해야 한다. 아울러 재난안전을 확보하기 위해 재난의 해결을 전적으로 국가와 사회에 위임하는 태도는 올바르지 못하다. 재난안전을 구현하기 위해서는 시민들 역시 자신의 안전을 위한 장치를 스스로 구비하는 과정을 거쳐야 한다. 재난안전휴먼은 재난의 공공성과 시민성을 주체적으로 발현하기 위해서는 재난에 대한 의사소통 행위를 실천해야 한다. 특히, 근대 사회 이후로 발생하기 시작한 인재에 대한 명확한 지식과 인식을 토대로 재난안전휴먼들이 주체적으로 상호 소통하는 행위를 공유해야 한다. 이를 위해서는 재난안전휴먼 OS를 내면화하는 주체적 태도가 필요하다.

안전의 사각 지대를 안전한 시공간으로 전환하기 위해서는 방재휴먼 OS를 정립하는 일을 고려할 수 있다. 재난안전휴먼 OS는 개인이 안전한 삶을 제어할 수 있는 제도를 자율적으로 자기화하고, 이를 토대로 재난 상황이 발생할 경우 재난에 적극적으로 대처할 수 있는 힘을 지향하는 과정을 추구한다. 재난에 대한 인간학적 혹은 인문학적 이념을 학습하는 일을 시작할 수 있다. 재난 레토릭 OS가 작동하는 재난의 원인과 결과를 명확하게 인식하고, 개인과 사회가 상호 간에 재난에 대처할 수 있는 동력을 마련할 수 있다. 반면, 국가와 사회에서는 재난 OS 레토릭을 국민과 시민에게 사전에 교육하는 과정을 마련해야 한다. 특히, 재난 상황이 발생한 경우 본인과 타인이 일시에 재난 상황을 즉각적으로 인식하고, 이를 상호 연대를 통해 해결할 수 있는 안전 장치를 장착해야 한다. 이를 위해서는 재난과 방재 과정에서 개인과 시민이 수동적 위치에만 머물지 않고 능동적, 주체적, 자율적으로 재난 레토릭을 인식하고 방재할 수 있는 선제적 실천이 수반되어야 한다. 재난이 감정적으로 수용되는 맥락을 성급하게 수용하기 이전에 재난 상황에서 안전 상황으로 변화할 수 있는 토대를 살펴볼 수 있다. 재해 리질리언스(resilience)를 안전하게 마련하기 위해서는 재난에 대한 안전 지수를 염두에 둘 수 있다. 안전 구성 요소는 심리적 안전 지수, 제도 시스템적 안전 지수, 사회안전 생태계 지수(시설물 안전 지수 포함), 안전의식(문화) 지수, 위험 요소 지수이다(김영근, 2008: 346). 안전 지수만 정립하는 일 못지않게 안전 휴먼을 위한 사회적 안전 장치를 마련하고, 이를 실천할 수 있는 안전 휴먼의 명예를 유지하는 일도 중요하다. 재난에 처한 인간과 안전을 유지하려는 인간이 상호 간에 재난을 중심으로 재난과 안전의 공유 감각을 발견하는 상황은 재난안전휴먼이 작동할 수 있는 토대이다.

재난안전휴먼은 자신과 타인이 처한 곤경을 외면하지 않는 상황에서 탄생한다. 재난의 내재성과 외재성을 동시에 파악하는 일은 쉽지 않다. 그렇기 때문에 재난안전휴먼으로 거듭나기 위해서는 재난과 안전의 무수한 변수를 예측하고, 이를 토대로 재난의 가속화를 제어해야 한다.

재난안전휴먼 OS는 재난이 재앙으로 확산되는 과정을 사전에 예방하는 일을 마련하는 것이다. 특히, 지역과 젠더에서 재난 취약 영역을 세밀하게 고려해 안전한 삶을 위한 곳으로 전환해야 한다. 지역 방재는 방재시설 등이 취약할 수 있다. 그렇기 때문에 지역 방재 시스템을 고도화하는 과정을 거쳐야 한다. 젠더 방재는 여성의 재난 취약성을 고려한다. 여성의 재난 취약성은 재난 전후, 여성의 신체적·사회적 상황에 의한 피난의 어려움과 여성이 겪는 피해와 재난 대응체계의 미흡 등으로 인한 피해 회복의 어려움이 있다(김소진, 2022: 187-190).

안전한 삶에 대한 휴먼적 요인을 자각하고, 이를 토대로 안전휴먼을 위한 안전 에쿠멘을 사회 구성원이 자립적으로 실천하는 과정에서 재난 사회에서 안전한 삶으로 이행이 가능하다. 신화, 자연, 인간이 초래하는 재난에서 재앙으로 귀결되는 상황에서 종말론적 사유를 근간으로 신비주의적 관점이 횡행할 수 있다. 재난안전휴먼 OS를 장착한 신인류는 계몽(enlightment)을 새롭게 해석하는 과정을 거쳐야 한다. 요컨대, 포스트 재난 사회는 방재휴먼이 계몽의 도구적 이성(instrumentlee Vernuft)을 자각하고 문명의 한계를 적절하게 제어하며, 재난에서 안전한 삶을 위한 노력을 간과하지 않는 안전한 계몽의 태도를 포기하지 상황을 지향해야 한다. 아울러 재난 번아웃에서 벗어나 안전한 삶이 보편적으로 작용하기 위한 시스템을 정립하면서 재난관리의 요인을 인간학적으로 마련하는 일이 중요하다.

참고문헌

김만재(2007). 재난 신화에 관한 분석. 『한국방재학회 논문집』, 7(4): 31-39.

김소진(2022). 재난불평등과 젠더, 그리고 팬데믹 이후의 과제. 『민주법학』, 78: 179-203.

김영근(2018). 재해 리질리언스: 포스트 위험사회의 안전지수. 『일본연구』, (29): 333-356.

대니 돌링(2022). 김필규 옮김. 『슬로다운』. 지식의날개.

수전 케인(2022). 정미나 옮김. 『비터스위트』. 알에이치코리아.

조 코헤인(2022). 김영선 옮김. 『낯선 사람에게 말을 걸면』. 어크로스.

주혜연(2022). 빅터 프랑클의 실존분석과 로고테라피에 대한 철학적 고찰. 『인문사회 21』, 13(5): 3587-3602.

캐럴린 머천트(2022). 우석영 옮김. 『인류세의 인문학 기후변화 시대에서 지속가능성 시대로』. 동아시아.

홍기원(2005). 자연재난의 사회심리학적 연구. 『인문사회연구』, 24(1): 115-136.

國分功一郎(2023). 『目的への抵抗』. 新潮社.

제 2 장

재난과 혐오

1 재난과 혐오

위험이 일상화된 현대 사회에서 나타나는 정서적 감정은 '공포'와 '불안'이 상징성을 갖는다. 특히, 재난과 관련한 정서적 이미지에서의 '공포'와 '불안'이 확산되는데 미디어의 역할은 크다(Salecl, 2004).

뉴스에서 공포가 주는 압도적인 메시지는 자본주의 사회에서 좋은 상품이며, 결과적으로 재난과 관련한 부정적인 이미지는 미디어에 의하여 만들어졌다고도 볼 수 있다(Altheide, 2002).

기본적으로 인간이 갖는 잠재적인 정서는 몇 가지 특성으로 구성이 된다. 첫째, 사회성을 전제로 한다. 인간은 사회적 거래를 통하여 타인과의 관계에서 적응하고, 협동한다. 여기서 인간의 이기심은 부차적인 것으로 여겨지지만, 대부분의 사람들은 타인과의 사회적 거래에 따라 동조하거나 행동한다(Holmes, 2003; Levinson, 1995).

둘째, 인간은 상호 과정을 통하여 공유된 특별한 방식의 의사소통 행위를 생성하고, 의도를 구현하며, 특권을 부여한다. 여기서 인간의 상호 과정은 태어날 때부터 학습된 정서를 기반으로 한다(Thrift, 2005; Gerhardt, 2004).

셋째, 인간의 정서는 시간적 확장성을 포함한다는 것이다. 특히 유사한 환경에서 생활해 온 사람들끼리 정서를 공유하고 서로 상호작용하는 것에 대하여 익숙하다(Thrift, 2005).

인간이 정서적인 공감대를 형성하는 것과 사회성을 성취하는 것에서는 긍정적인 감정만을 포함하지는 않는다. 인간의 상호작용에는 협박, 희생, 배제, 지배, 혐오 등의 조직적인 폭력형태의 감정도 강력한 사회성을 구성하는 요소로 본다(Dalrymple, 2004).

재난 상황에서 발생하는 혐오의 감정은 다양한 방식으로 분출된다. 2023년 2월 6일 오전 4시 17분 36초에 튀르키예에서 발생한 모멘트 규모 7.8의 대지진 이후 지진 피해를 입은 튀르키예 내 시리아 난민들이 난민 혐오에 직면하였다(MBC, 2023.2.25일자).

L'Orientle Today 외신에 따르면 튀르키예 내 시리아 난민들은 차별과 폭력을 경험하고 있고, 지진 피해자들에게 보내온 구호물자(천막, 옷, 음식)도 약탈당했다(L'Orientle Today, 2023.2.20일자).

특히, 튀르키예 극우 정당은 시리아 난민 혐오를 선동하였고, 난민을 침략 행위로 비난하였다. 이 극우 정당은 반(反)이민 영상을 유포하고 시리아 난민을 돌려보내기 위한 모금 활동까지 진행하는 행동을 했다(L'Orientle Today, 2023.2.20일자).

재난은 사회적·정치적 안정을 약화시킬 수 있다. 재난을 관리하는 중앙정부, 지방정부에서 재난에 대한 예방, 대비, 대응, 복구를 적절하게 취하지 못했을 경우에 사회적 불평등, 불신, 적개심 및 폭력, 혐오의 감정을 확산시킬 수 있다(Tierney, 2006; Donner & Rodríguez, 2008; Warr & Aung, 2019).

사람들은 재난에서 벗어나기 위하여 불평등을 악용하거나 특정 영역의 사람들에게 불이익을 주기 위한 방식을 택할 수도 있다. 결과적으로 이는 민주주의를 약화시키고 불평등과 박탈을 증가시킬 수 있다(Cappelli et al., 2021; Sovacool et al., 2018; Kammerbauer

& Wamsler, 2017).

재난과 혐오는 상호 간에 복잡한 관계성을 가지고 있다. 재난 상황은 사회적인 긴장과 불안을 증폭시키며, 이로 인해 혐오와 차별이 증가할 수 있다. 이러한 혐오는 특정 집단이나 개인을 향한 적개심, 인종주의, 차별 등 다양한 형태로 나타날 수 있다(Pierce, 1995; Breen, 2022; Sovacool et al., 2020).

일반적으로 재난 상황에서는 사회적 자원과 기회가 제한되고, 경제적 어려움과 인간의 심리적 스트레스는 높아진다. 이는 사회 분열과 갈등을 조장하며, 혐오의 배경이 될 수 있다. 특히, 재난 및 안전에 취약한 집단은 재난 상황에서 더 많은 위험과 어려움을 겪을 가능성이 높다. 이러한 상황에서는 혐오와 차별이 이들에게 특히 심각한 영향을 미칠 수 있다(Rodriguez-Díaz & Lewellen-Williams, 2020; Oberly, 2022; Eccleston et al., 2010).

이 글은 재난과 혐오에 대한 이해를 바탕으로 사회적 인식과 변화를 이끌어내고자 한다. 재난 상황에서는 서로를 이해하고 지지하는 상호 연대의 필요성이 더욱 커지며, 혐오와 차별은 이를 방해하는 요소로 작용할 수 있다.

따라서 재난 상황에서 혐오와 차별이 어떻게 발생하고 확산되는지 설명하고, 이를 통해 사회 구성원들에게 연대 의식을 높이고 재난 상황에서도 안전하고 지속가능한 사회를 구축하는 데 도움을 주고자 한다.

2 재난과 사회적 배제

사회적 배제는 사회적 유대를 침해하는 것이며, 참여, 접근 및 연대를 감소하는 과정으로 간주된다(Silver, 2007; Sevoyan & Hugo, 2014; Rahman, 2015). 실버(Silver, 2007)는 사회적 차원에서 사회적 배제를 부적절한 사회적 응집력이나 통합으로, 개인의 차원에서 예상되는 사회 활동에서 기능하고 의미 있는 사회적 관계를 구축할 수 있는 기회가 부족하다고 여겼다.

채프먼 외(Chapman et al., 1998), 커민스(Commins, 1993)는 사회적 배제를 다차원적이고 역동적이며, 다층적이고 관계적인 것으로 간주한다. 사회적 배제는 다양한 기관, 사회 집단, 특정 혜택 또는 특정 사건으로부터 배제될 수 있기 때문에 다차원적이고, 고도로 조건부적인 과정이기 때문에 역동적으로 본다.

재난과 관련한 사회적 배제는 우선 관계성을 지닌다. 여기서의 관계성은 고립된 개인의 상태가 아닌 개인이 포함된 관계에 소속되는 부분이다(Shucksmith, 2001).

다음으로 사회적 배제는 자원에 대한 접근성과 관련이 있다. 재난과 관련한 자원 접근성에는 공동체 사회에서 권리, 관습, 자격, 권한이 사회의 시스템을 통해 조직화되어 있고, 자원 배분의 과정에서 강압, 희생, 거부, 배제 등이 발생하기도 한다(Room, 1995).

일례로 재난 발생 시, 특별재난 선포 지역은 행정, 재정, 금융, 의료 등의 지원을 받을 수 있다. 이는 재난에 대한 행정적, 경제적,

의료적인 지지가 제공됨을 의미한다. 그러나 사회가 마련하고 있는 제도와 프로그램이 개인에게 공평하게 배분되지 않을 때, 재난 경험자는 사회적 배제를 경험할 수 있다.

이는 재난과 사회적 배제의 연관성을 보여준다. 사회적 배제는 재난으로 인해 이미 어려운 상황에 처한 개인이나 지역사회에 대한 불공평한 접근과 지원 부족을 의미한다. 이러한 상황은 재난 회복력을 저하시키고, 사회적 격차를 확대시킬 수 있다.

사회적 배제는 시장, 관료제, 연합, 공동체(커뮤니티)의 특징으로 설명이 가능하다. 이 네 가지 유형은 인간의 행동을 정당화하고, 자원을 할당하고, 제도를 구성하기 위해 관계를 조직하는 비교적 일관된 방식이며, 이러한 유형의 관계 중 배제와 포용이 발생할 수 있다(Reimer, 2004).

첫째, 재난과 사회적 배제 관점에서 시장 관계를 살펴보면, 시장은 자유로운 상황에서 상품과 서비스 교환을 기반으로 형성되는 관계이다. 그러나 재난 상황에서는 사회적 배제 요인들이 시장 관계에 영향을 미칠 수 있다(Coase, 1991).

재난으로 인해 사회적 배제가 심화될 경우, 일부 개인이나 지역사회는 시장에서 상품과 서비스에 접근하는 데 제약을 받을 수 있다. 이는 자산의 부족, 정보의 불균형, 신뢰 부족 등으로 인해 교환이 어렵거나 불가능해지는 상황을 의미한다. 또한 재난 상황에서는 불확실성과 이동의 제약이 증가할 수 있어 시장의 원활한 기능이 저해될 수 있다(Granovetter & Swedberg, 1992).

둘째, 재난과 사회적 배제 관점에서 관료적 관계를 살펴보면, 관료적 관계는 권한과 규칙에 기반을 두어 구조화된 관계로서, 재난 상황에서도 영향을 받을 수 있다(Williamson & Winter, 1991).

재난 상황에서 관료적 관계는 자원과 서비스의 분배에서 중요한 역할을 한다. 그러나 이러한 관계는 개인이나 그룹을 배제할 수 있는 구조를 가지고 있을 수 있다. 예를 들어, 권한과 규칙에 따라 자원이 배분되는 관료적인 구조는 재난으로 인해 취약한 개인이나 지역사회에게 자원의 접근을 제한할 수 있다. 또한 관료적인 구조에서는 개인이 자신의 역할과 지위에 따라 상호작용을 맺기 때문에, 개인의 특성이나 요구사항보다는 구조와 규칙에 따라 관계가 형성될 수 있다(Saith, 2001; Kadetz & Mock, 2018).

재난 상황에서는 공식적인 조직 구조와 규칙에 따라 자원과 서비스가 배분되는 관료적 관계의 한계가 드러날 수 있다. 특히, 재난 상황에서는 신속하고 유연한 대응이 필요한데, 관료적인 구조는 목표의 수립과 목표 달성을 위한 절차와 규정을 따르기 때문에 이에 제약을 가할 수 있다. 또한 관료적인 구조에서는 변화에 적응하는 데 시간이 걸리고 저항성을 보일 수 있어 재난 상황에서 유연한 대응이 어려울 수 있다(Grieco & Hine, 2008).

셋째, 재난과 사회적 배제 관점에서 연합 관계를 살펴보면, 연합 관계는 주로 공유된 관심사와 목표를 기반으로 형성된다. 이러한 관계는 사회적 결속을 형성하고 위기 상황에서 강력한 기반을 제공할 수 있다. 그러나 재난 상황에서는 일시적인 관계로 제한될 수 있으며, 위기가 지나면 그 관계가 유지되지 않을 가능성이 있다(GURUSAMY, 2009).

재난 상황에서는 연합 관계가 자연적으로 형성되는 경향이 있다. 사회재난이나 자연재해와 같은 상황에서는 개인과 집단이 서로 돕고 지지함으로써 관계가 형성될 수 있다(Nguyen et al., 2017).

연합 관계는 종종 비공식적인 구조를 가지고 있지만, 때로는 보다 공식적인 구조로 변형될 수도 있다. 위기 상황에서는 사회적 결속을 강화하기 위해 강력한 리더나 잦은 상호작용이 필요할 수 있다(Nguyen et al., 2017).

그리고 만들어진 연합 관계 내에서 재난 시 자원의 배분은 주로 집단의 목표와 관심사에 기반을 두고 이루어진다. 여기서 개인과 집단의 관심사나 이해관계가 상이할 경우 사회적 배제가 발생할 수 있다. 이러한 배제는 정보의 부족, 편견, 인종차별 등의 요소에 의해 악화될 수 있다(Low, 2011).

넷째, 공동체 관계는 재난 상황에서 사회적 배제의 영향을 받을 수 있다. 재난 상황에서는 공동체가 형성되어 지역 사회 구성원들이 서로에게 의지하고 상호작용하는 데 중요한 역할을 한다. 그러나 사회적 배제의 요소들이 존재할 경우, 공동체 관계는 영향을 받을 수 있다(Imperiale & Vanclay, 2021).

일례로 재난 상황에서는 출생, 민족, 위치와 같은 특성을 바탕으로 한 사회적 배제가 발생할 수 있다. 이러한 배제는 공동체 관계에서 형성되는 동등성과 상반된다. 사회적 배제의 영향으로 인해 특정 개인이나 그룹은 공동체에 포함되지 못하거나 소외될 수 있다. 이는 재난 상황에서 협력과 상호작용이 저해되며, 공동체의 일원으로서의 권리와 의무가 무시되거나 약화될 수 있음을 의미한다(Ireni-Saban, 2013).

재난 상황에서 사회적 배제로 인해 특정 개인이나 그룹과의 접촉이 제한되거나 차별적으로 다뤄질 경우, 공동체 내에서 신뢰와 충성심을 갖는 것이 어려워진다. 이는 공동체 관계의 약화와 사회적 배제의 악순환을 초래할 수 있다(Grieco, 2016; Meher et al, 2011).

토랏(Thorat, 2009)은 사회적 배제에 대한 관점과 경험을 분석을 통해 특정 집단이 그들이 속한 사회에서 완전히 또는 부분적으로 참여하지 못하게 되는 과정으로 정의한다. 이 개념은 배제의 '사회적 제도'와 그 결과인 '박탈'의 측면을 강조한다.

자(Jha, 2015)는 인도에서 2008년 8월 18일 코시강에서 발생한 대규모 비하르 홍수의 사례를 통해 재난과 사회적 배제의 관점에서 특정 공동체와 개인이 어떻게 배제되는지를 분석했다. 특히, 이 연구에서는 재난 대응에서 나타나는 계급에 대한 배제, 성별에 대한 배제, 차별, 박탈의 내용을 다루고 있다.

특히, 자(Jha, 2015)는 소외된 카스트 제도의 집단인 달리트 계층을 중심으로 연구하였으며, 연구 결과 취약성의 근본 원인은 권력과 자원에 대한 접근성의 부족과 의사결정에 참여할 수 없다는 것을 확인했다. 이는 비하르 홍수 당시 재난 구조 및 구호 과정에서 달리트들이 경험한 절망과 박탈은 지역사회의 소외, 박탈감, 빈곤을 명백히 보여주었다는 것이다.

사회적 배제는 카스트라는 위계적인 사회 제도를 중심으로 일부 공동체를 차별하고 고립시키며 박탈하는 배제의 과정으로 진행된다. 사회적 소속감 상실과 기존 사회로부터의 이탈은 일부 계층의 선동과 같은 일상적인 굴욕, 카스트와 성별에 따른 차별에 대한 내용 등을 통해 드러났고, 이러한 요소들은 사회적 배제를 지탱하는 차별적인 사회 구조와 조악한 현실을 보여주었다(De Haan, 2007).

즉, 재난과 관련한 사회적 배제는 분배적 측면과 관계적 측면을 모두 포함하고 있다(Shucksmith, 2001). 분배적 측면에서는 일부 사람이나 집단이 다른 사람들과 동일한 자원과 서비스에 접근할 수 없게 되는 것을 의미한다. 이와 관련해서는 빈곤, 서비스의 접근성, 사회적 계층화와 관련하여 배제에 대한 분석이 이루어지는 경향이 있다(Bollman & Biggs, 1992; Task Force on Persistent Rural Poverty, 1993).

관계적 측면에서의 사회적 배제는 일부 사람이나 집단이 사회적 네트워크나 기관에 통합되지 못하는 것을 의미한다. 이 관점에서의 연구동향은 사회적 관계, 빈곤에서의 진입과 퇴출, 다양한 유형의 사회적 제도 참여에 초점을 맞춘다. 이러한 관점은 사회적 배제의 이면에 있는 사회적 관계의 문제와 사회적 참여의 부족을 다루고 있다(Commins, 1993; Berghman, 1995).

3 재난과 혐오 사례

1) 감염병과 투사적 혐오

아리스토텔레스(Aristotle)는 '수사학'에서 적대감과 혐오에 대해 비교하며 설명하고 있다. 그는 분노, 앙심 및 모략과 같은 요소가 적대감을 유발하는 원인이며, 분노는 우리에게 행해진 행위로 인해 발생한다고 보고 있다(김용환, 2018 재인용).

아리스토텔레스는 분노가 개인에게 향하는 감정인 반면, 혐오는 특정 부류 또는 집단에 대한 감정으로 설명한다. 혐오는 특정 도둑이나 배신자가 아니라 도둑이나 배신자로 분류되는 사람들에게 적용되는 것이라고 말한다. 분노는 시간이 지나면 치유될 수 있는 감정일 수 있지만, 혐오는 그렇지 않으며, 분노의 목적은 대상이 고통을 겪는 것이라면, 혐오는 대상에게 악을 행하는 것이라고 본다. 분노는 종종 동정심을 수반할 수 있지만, 혐오는 절대로 동정심을 가지지 않는다고 본다(김용환, 2018 재인용).

여기서 투사적 혐오는 사회적 학습, 경험, 관습 등을 통해 얻어진 감정으로 간주된다. 이 혐오는 소수자들을 대상으로 하며, 다수의 사회적 연대감을 강화시킨다. 이를 위해 소수자들은 예속되거나 배제되며, 사회로부터 격리됨으로써 다수를 위한 사회적 안정성을 확보하려는 경향이 있다(김용환, 2018 재인용).

투사적 혐오 감정은 혐오 대상을 향해 비이성적인 감정을 자극하고, 사회적으로 낙인을 찍고 부정적인 이미지를 더해 자신의 약점인 불안감, 박탈감, 차별적 우월의식 등을 숨기고 다른 사람을 쉽게 희생양으로 만들려는 경향이 강하다(김용환, 2018 재인용).

바이러스는 국적을 갖지 않지만, 최근의 사례에서는 감염병을 국적 또는 인종과 연결시켜서 '우리'가 아닌 '그들'의 문제로 타자화하는 관행이 목격되고 있다. 2014년 미국에서 유행한 에볼라 바이러스(ebola virus)에 대한 언론 보도와 관련된 담론을 분석한 몬슨(Monson, 2017)은 실제로 에볼라가 아프리카 서안의 일부 국가에서 유래되었음에도 불구하고, 미국 언론은 "에볼라=아프리카"로

등식화하여 아프리카 출신 이민자들을 낙인찍고 타자화했다(김수경, 2020 재인용).

그리고 케일과 알리(Keil & Ali, 2006)는 2003년에 유행한 사스(SARS)를 분석하여, 감염병이라는 요소가 캐나다의 다문화 사회에서 어떻게 인종주의를 유발하는지를 연구하였다. 캐나다는 전 세계에서 다문화 정책이 잘 시행되고 있는 국가 중 하나이지만, 사스의 발생으로 다문화 사회의 내면에 숨겨져 있던 인종적 계층 구조의 실체를 드러내는 결과를 가져왔다(김수경, 2020 재인용).

COVID-19의 발생 이후, 투사적 혐오는 아시아 및 아시아계 사람들을 대상으로 하는 경멸적인 언어의 언론 보도, 정치인들의 인터뷰와 연설, 그리고 소셜 미디어 플랫폼을 통해 널리 퍼졌다(www.hrw.org).

일례로 브라질 교육부 장관은 중국 정부의 "세계 지배 계획"에 대한 언급으로 중국인들을 조롱하는 트위터를 게시했다. 또한 스페인에서는 중국계 미국인이 공격을 당해 혼수상태에 빠지는 사건이 발생했으며, 아프리카에서는 코로나바이러스에 감염된 아시아인들에 대한 차별과 공격이 보고되었다(www.hrw.org).

2020년 5월 초에는 말레이시아에서는 타당한 근거 없이 외국인 이주민과 난민에 대한 무차별적인 차별을 일으켰다. 중동 전역에서는 COVID-19가 여러 차례 외국인 노동자가 밀집된 지역에서 발생하였으며, 이에 대한 공개적인 담론에서는 주로 아시아계 외국인 노동자에 대한 지속적인 인종 차별적 수사가 수행되었다(www.hrw.org).

전 세계적으로 나타나는 COVID-19와 혐오는 특정 인종, 특정 계층에게 집중되어 있고, 특정 인종과 계층은 재난과 재해에 취약한 계층이라는 공통점이 있었다. 우리나라에서는 크게 세대혐오, 지역혐오, 인종혐오의 특성이 발생하였으며, 구체적으로 살펴보면 다음과 같다.

첫째, 우리나라에서는 세대혐오가 나타났다. 이와 관련해서는 젊은층 중 일부가 정부의 사회적 거리두기 정책을 무시하고 유흥업소를 방문하며, 다른 사람들과 밀접한 접촉을 통해 감염병이 확산되었다. 이에 따라 집단 감염을 방지하기 위해 장기간 사회 활동을 참고 견뎌온 노년층에서는 젊은층의 행동에 대한 분노가 커졌다(광주일보, 2020.3.28일자).

또한 국민적인 피로감이 높아진 상황에서 중・장년층 남성들이 방역 활동을 방해하는 사건들(마스크 미착용 등)이 발생하여 인터넷 커뮤니티 등에서는 이 남성들을 겨냥하여 50~60대 남성들을 비난하는 '오륙남'이라는 용어가 등장하였다(조선일보, 2020.9.23일자).

실제로 서울지방경찰청에 따르면 마스크 미착용 관련 사건 중 대중교통에서 발생한 사건은 2020년 5월 13일부터 지난달 25일까지 141건이 접수되었으며, 이 중 60대 이상이 39%로 가장 많았다. 또한 검거된 사람들 가운데 89%가 남성이었다(조선일보, 2020.9.23일자).

이러한 상황에서 젊은 세대의 노년층에 대한 왜곡된 시선과 심리상태를 나타내는 '노인 포비아(노인 공포증)'라는 현상도 등장하였다. 특히, 보수적인 성향을 가진 사랑제일교회와 광화문 집회 참가자의 확진자 수가 증가하면서 노인에 대한 혐오는 더욱 심해지고 있는 것으로 알려졌다(경기일보, 2020.9.17일자).

둘째, 한국에서 COVID-19 확산에 따른 지역혐오는 감염병 확진자가 폭증하는 지역에서 두드러지게 나타났다.

2020년 2월 18일 대구 지역에서 첫 코로나19 확진자이자 국내 31번째 환자가 발생한 후, 포털 사이트와 인터넷 커뮤니티에는 대구·경북 지역 주민들을 향한 혐오와 증오 표현이 계속해서 나타났다. 특히, 대구 지역에서 발생한 신천지 교인들의 대규모 예배가 국내 코로나19 확산에 영향을 미쳤다는 의혹이 제기되면서 대구·경북 지역 주민에 대한 여론은 더욱 악화되었다(중앙일보, 2020.5.1 일자).

또한 2020년 8월 15일 서울 광화문 집회 이후에는 코로나19의 재확산으로 인해 온라인 커뮤니티에서 '수도권 혐오'라고 불리는 현상이 나타났었다. 국가인권위원회와 한국인사이트연구소에 따르면 2020년 1~5월 동안 소셜네트워크서비스(SNS)와 블로그, 카페, 커뮤니티 글을 분석한 결과, 혐오에 대한 '유행'이 있다는 것이 밝혀졌다(헤럴드경제, 2020.8.25일자).

특히, 신천지 대구교회에서 집단 감염이 발생한 후, 신천지와 대구 지역에 대한 비난과 부정적인 언급이 증가했었다. 이전에는 주간 평균 400건 전후로 신천지에 대한 부정 언급이 있었지만, 이단이나 사이비와 같이 종교 자체를 부정적으로 평가하는 언급이 2020년 2월 4주차에는 1만 3,000건까지 치솟았다. 대구에 대한 언급도 2020년 2월 초까지는 주간 평균 20만 건 전후로, 부정적인 언급 비중은 20%대였지만 2020년 2월 4주차에는 70만 건으로 급증하며 '대구폐렴'과 같은 비난적인 표현의 비중도 60%를 넘었다(서울신문, 2020.9.22일자).

이러한 지역혐오는 차별과 배제 현상과 함께, 지역 출신이라는 이유만으로 불이익을 받는 사례까지 증가했다. 이러한 차별 현상은 일상생활의 다양한 영역에서 나타났는데, 예를 들면 마트 이용, 학원 등록, 취업, 투숙 거부, 지역 상품 불매 운동 등 생활의 모든 측면에서 이러한 차별과 혐오가 나타났었다(조선일보, 2020.3.17일자).

셋째, 한국에서도 COVID-19와 관련한 인종혐오가 존재했다. COVID-19의 확산으로 인한 영향으로, 인종혐오와 관련된 사례들이 증가했다. 2020년 2월 청와대 청원을 통해 중국인의 입국 금지를 요구하는 청원이 67만 명이 넘었었다. 유명 관광지인 제주와 서울 명동의 식당들에는 중국인 출입 금지를 나타내는 팻말이 걸려 있었고, 중국인들의 위생 상태에 대한 혐오를 담은 기사도 등장했었다(아시아투데이, 2020.2.5일자).

국가인권위원회가 3월 19일 '한국사회의 인종차별 실태와 인종차별 철폐를 위한 법제화 연구' 결과에 따르면, 한국 사회에서 인종차별이 존재한다는 응답이 이주민 중 10명 중 약 7명이었다. 전체 응답자 중 68.4%가 인종에 따른 차별이 존재한다고 답했다(중도일보, 2020.4.1일자).

2) 재난 참사 현장에서 발생하는 혐오 현상

재난 참사 현장에서 발생하는 혐오 현상은 크게 세 가지의 특징을 지닌다. 첫째, 피해자에 대한 혐오이다. 일부 사회 구성원들은 참사 피해자나 그 가족들에 대해 혐오적인 태도를 보인다. 이들은 피해자나 가족들을 비난하거나 책임을 전가하는 발언이나 행동을 하고, 이는 피해자들의 고통을 가중시키고 인권을 침해하는 행위다(민주사회를 위한 변호사모임, 2022).

둘째, 혐오 표현과 명예 훼손이다. 참사와 관련된 혐오적인 표현이나 비난은 종종 피해자의 명예와 인격을 훼손한다. 이는 피해자와 가족들에게 추가적인 고통을 줄 뿐만 아니라, 사회적인 분열과 갈등을 조장하는 요소가 된다(민주사회를 위한 변호사모임, 2022).

셋째, 프라이버시 침해다. 참사 현장에 대한 과도한 언론 취재와 영상·사진의 무분별한 공유로 인해 피해자들과 현장에 있었던 사람들의 프라이버시가 침해되는 문제가 발생한다. 이로 인해 피해자와 관련자들은 더욱 큰 정신적 고통을 겪을 수밖에 없다(민주사회를 위한 변호사모임, 2022).

구체적인 사례를 살펴보면 2014년 4월 16일에 발생한 세월호 참사는 대한민국 최악의 해상사고로, 304명의 사람들이 사망하였다. 이 비극적인 사건은 여러 가지 문제와 부실한 대처로 인해 더 큰 사회적 참사로 비화되었다(미디어오늘, 2020.5.27일자).

그러나 참사를 조명하는 과정에서 혐오 표현과 비하 발언들이 현재까지 계속해서 나오고 있다. 특히, 유튜브상에서는 세월호 참사를 왜곡하거나 정부의 책임을 흐리기 위해 혐오적인 내용들이 퍼졌다. 일례로 세월호를 단순한 교통사고로 간주하거나, 유가족 및 피해자를 비난하고자 하는 발언들은 참사의 심각성을 왜곡하고 희생자들과 그 가족을 모욕하였다. 이러한 발언들은 참사에 대한 은폐와 모욕이며, 희생자와 그 가족들을 배제하는 것으로 볼 수 있다(미디어오늘, 2020.5.27일자).

그리고 2022년 10월 29일 발생한 이태원 참사에서도 희생자 유가족 협의회와 시민대책회의가 설치한 시민분향소에서 일부 단체와 유튜버들의 혐오 발언 표적이 되었다. 유가족들은 무방비한 상황에서 '2차 가해'를 당하고 있지만 지방자치단체에서는 당시에 적절한 조치를 취하지 못했다(경향신문, 2022.12.20일자).

구체적으로 2022년 12월 19일에는 한 여성이 자신을 '지역주민'이라고 소개하며 이태원광장에 설치된 시민분향소에 들어와 유가족들을 모욕하는 말과 욕설을 했고, 유가족들은 언어폭력에 무방비로 노출되었고, 한 희생자의 어머니는 호흡곤란으로 쓰러져 병원으로 이송되기도 하였다(경향신문, 2022.12.20일자).

또한 시민분향소 인근에는 '이태원 참사 정치 선동꾼들 물러나라'는 현수막도 걸렸었다. 이러한 상황에서 행해진 2차 가해 행위는 피해자와 생존자에 대한 혐오 행위로 볼 수 있다(경향신문, 2022.12.20일자).

4 재난 발생 시 혐오 대상이 갖는 특성: 취약성

재난 발생 시 혐오의 대상이 갖는 특성은 취약성이다. 재난 취약성에 대한 분석적 접근은 사회 시스템의 문제, 무력감, 경계성에 대한 취약성을 검토하고, 이러한 위험 감소를 위한 행동규범을 분석하는 것이 주류를 이루었다(Adger, 2006: 1).

재난 취약성 이론(disaster vulnerability theory)은 재난의 완화, 대비, 대응, 그리고 복구의 전통적 방법으로부터 도출될 뿐만 아니라, 환경지속성, 테러리즘, 그리고 사회개발과 같은 다른 분야와의 만남에 의해(by fusing) 재난의 경계를 확장해 준다. 재해, 그 자체는 완전하게 예방될 수 없기 때문에, 인구 및 공동체의 취약성을 줄여 나가는 것이 재난 이후의 손실을 최소화하고 효과적이고 시의적절한 복구를 달성할 수 있는 가장 직접적인 수단이 된다(Yang, 2016: 144).

무마데르 외(Poumadére et al., 2005), 브라간자 외(Braganza et al., 2004), 오브라이언(O'Brien, 2006)의 선행연구를 살펴보면 재난 시 비주류의 소외된 집단의 경우 시스템의 취약성에 매우 높게 노출되는 것으로 밝혀졌으며, 이러한 소외된 집단은 현재의 기후변화 구조에서 더욱 큰 불평등과 불균형을 낳고 있다는 것이다.

에드가(Adger, 2006)의 연구에 의하면 공동체 사회에서 배제된 계층은 취약 노출에 대처하는 충분한 자원을 갖지 못하고, 자원사용의 평등한 분배를 위한 중재를 잘하지 못하면 시스템 취약성이 더욱 악화될 수 있음을 주장한다.

아지바드 외(Ajibade et al., 2013)의 연구에 의하면 도시의 빈민 여성의 경우 기후변화로 인한 재해 발생 시 고소득 여성에 비해 리질리언스(resilience) 속도가 매우 느리게 나타났음을 보인다. 이는 경제적인 변수가 재난 시 여성의 적응력과 생계 및 건강에 영향을 미치는 것으로 보인다.

상기의 사례연구들을 토대로 재난 취약성은 다음의 특성을 갖는다. 첫째, 재난에 취약한 계층은 재난 시 노출되는 스트레스의 강도가 높다는 것이다. 스투버 외(Stuber et al., 2006)의 연구 결과를 보면 9·11 테러 경험 이후 여성의 외상후 스트레스 증후군에 노출될 확률이 높게 나타났고, 이 영향은 평생 이어지는 것으로 분석되었다.

둘째, 재난 시 배제된 계층은 재난 시 민감성이 두드러진다는 것이다. 재난 발생 이후 아동 및 여성들은 폭력피해 증가와 신체적으로 구조 및 구급에 있어 취약성이 높다는 것이다. 특히, 개발도상국의 경우에는 재난 피난소에서 발생하는 아동 및 여성 폭력피해와 성폭력의 사례가 나타나고 있다. 베네리아와 펠드먼(Beneria & Feldman, 1992), 사파(Safa, 1995), 달라 코스타와 달라 코스타(Dalla Costa & Dalla Costa, 1995)의 연구들에 의하면 저개발국가나 소득수준이 낮은 국가에서의 경제정책은 일반적으로 아동 및 여성의 삶과 질에 악영향을 주고, 유무급 노동의 강도를 강화시켜 안전 취약성에 노출되는 경향이 있다고 본다.

셋째, 안전 취약계층이 갖는 재난 적응용량의 취약성이다. 안전 취약계층들은 재난 발생 전후로 관련 정보에 대한 접근이 어려워 관련 의사소통 및 권력에 배제되어 자원의 분배에 있어서도 불평등한 대우를 받는다는 것이다.

5 혐오 현상에 대응하는 재난정책 마련을 위한 제언

현대 사회에서 전 세계 인구의 절반 이상은 도시에 거주한다. UN-Habitat이 발표한 2020 세계 도시 보고서에 따르면, 현재 세계 인구의 56.2%에 해당하는 사람들이 도시에 거주하고 있다. 이 수치는 2030년까지 60.4%로 증가할 것으로 예측되며, 2050년에는 인류 전체의 3분의 2가 도시에서 살게 될 것으로 예상된다(유네스코뉴스, 2021.2.1).

도시는 이미 전 세계 국내총생산(GDP)의 80% 이상을 차지하고 있으며, 이러한 사실을 감안할 때 "19~20세기는 국가의 시대였지만 21세기는 도시의 시대"라는 도시학자 로버트 무가(Robert Muggah)의 말이 현실이 되고 있다는 것을 알 수 있다(유네스코뉴스, 2021.2.1).

도시가 인간에게 주는 가장 큰 정서적 감성의 특징 중 하나는 '소외'다. 도시는 작은 시골 공동체와는 다르게 인간의 상호관계를 단절시키는 특징을 지닌다. 상호관계의 단절 속에서 인간은 '고독감'을 경험한다(Thrift, 2005).

도시에서 경험하는 일상의 고독감은 타인과의 단절을 의미하고, 현대의 매스미디어에서 보여주는 도시에서 발생하는 다양한 사건, 사고, 재난들을 통해 대중은 공포감과 함께 증오, 적대감, 혐오의 감정을 자연스럽게 만들어 낸다(Thrift, 2005).

이렇게 발생한 '혐오'의 감정은 재난과 함께 증폭한다. 특히,

재난과 관련한 '혐오'의 감정은 공동체 간의 갈등과 분열을 발생시키며, 파생된 증오의 감정은 사회적 융화와 협력을 방해하며, 상호 이해와 지역사회의 회복을 저해할 수 있다. 이는 곧 재난관리의 대응 및 복구를 위한 효과적인 노력과 조치들을 어렵게 만들어낼 수 있다.

따라서 재난관리에 있어서 대중의 '혐오'와 '불안'의 감정을 개선하는 것은 효율적인 재난관리에 도움을 줄 수 있다. 이를 위해 혐오 표현에 대한 대중의 인식 개선과 교육, 정부와 단체의 대규모 캠페인, 그리고 지역 간의 연대와 상호 이해를 촉진하는 정책들이 필요하다.

그리고 정부와 지방자치단체는 재난 피해자와 가족들에 대한 혐오적인 태도에 대해 단호히 대처해야 한다. 재난 피해자와 가족들을 보호하고, 혐오 표현이나 비난에 대한 법적 조치를 취하며, 사회적으로 혐오에 반대하고 막을 수 있는 시스템을 구축해야 한다.

정부와 지방자치단체는 참사와 관련된 영상 및 사진의 무분별한 공유를 막기 위한 대책을 위한 시스템과 제도를 마련해야 한다. 이를 위해 관련 법률 · 규정의 개선과 강화, 적절한 정보 제공 등을 통해 피해자들과 현장 관련자들의 프라이버시를 보호해야 한다.

재난관리에서 혐오를 감소하기 위한 구체적으로 몇 가지 정책적 제언을 제시한다.

첫째, 사회 구성원들에게 혐오에 대한 인식과 이해를 높이기 위해 교육과 인식 활동을 강화해야 한다. 재난 관련 교육 프로그램을 개발하고, 학교와 공동체 사회에서 혐오에 대한 교육을 실시하여 사회적인 이해와 공감을 촉진해야 한다.

둘째, 혐오 표현이나 인신공격에 대한 법적 제재를 강화해야 한다. 관련 법률을 개선하고, 사회적으로 혐오에 대한 제재와 책임을 강조하는 제도를 마련해야 한다. 또한 혐오 표현에 대한 신속하고 효과적인 조사와 처벌을 위한 전문 기구를 마련해야 한다.

셋째, 재난 피해자와 가족들을 보호하고 지원하기 위한 체계를 강화해야 한다. 정부와 지방자치단체는 피해자와 가족들의 권리와 안전을 보장하고, 정서적, 심리적인 지원 프로그램을 마련하여 피해자들이 고통을 겪지 않도록 돕는 역할을 해야 한다. 혐오 행위를 방지하고 피해자들의 인권을 보호하기 위해 현장 접근 제한, 명확한 보안 시스템 구축, 개인정보 보호를 위한 가이드라인 마련 등을 고려할 수 있다.

넷째, 혐오 현상에 대한 오해와 오보를 방지하기 위해 정확하고 정보 제공을 해야 한다. 정부와 관련 기관은 적시에 정확한 정보를 제공하고, 피해자와 가족들의 목소리를 존중하며, 공개적이고 투명한 의사소통을 통해 혐오를 해소하고 신뢰를 구축해야 한다.

다섯째, 혐오 현상에 대응하기 위해 사회적 연대와 공동 참여를 강화해야 한다. 시민단체, NGO, 학계, 언론 등 다양한 이해관계자들과 협력하여 혐오 문제에 대한 공동의 목표를 설정하고, 혐오 문화를 변화시키는 사회운동을 지속적으로 추진해야 한다.

여섯째, 재난 관련 정책을 수립할 때 다양성과 포용을 고려해야 한다. 혐오 현상은 종종 특정 집단이 겪는 차별이나 편견으로부터 비롯될 수 있다. 이에 따라 정부와 관련 기관은 다양한 집단의 의견을 수렴하고, 그들의 요구를 고려하여 정책을 개발해야 한다.

일곱째, 정부는 공공기관과 민간기업에게 혐오 행위와 차별을 예방하고 대응하기 위한 책임을 부여해야 한다. 이를 위해 업무 규정 및 행동강령의 개정, 교육 및 훈련 프로그램의 개발, 신속한 신고 및 조치 절차의 마련 등이 필요하다. 그리고 정부와 관련 기관은 효과적인 커뮤니케이션 및 정보 공유 체계를 구축해야 한다. 이는 공식적인 입장 및 대응책을 투명하게 전달하고, 사회적 분위기를 조절하며, 정확한 정보를 제공하여 혐오 현상을 예방하고 대응할 수 있도록 한다.

그리고 정부는 혐오 현상에 대한 모니터링과 평가 체계를 구축해야 한다. 혐오 행위의 패턴과 트렌드를 파악하고, 대응 전략을 개선하기 위해 지속적인 평가를 수행해야 한다.

재난과 혐오는 사회적 문제로서 심각한 영향을 미치며, 이에 대한 대응은 우리 사회에서 인간의 존엄성 구현과 안전을 보장하는 데에 핵심적인 역할을 한다.

이를 위해 정부와 지방자치단체는 종합적인 정책과 제도의 구축을 통해 사회적 연대와 이해를 증진시키는 데에 초점을 맞추어야 하며, 인간의 존엄성을 구현하고 피해자를 보호하는 사회적 환경을 구축해야 할 것이다.

참고문헌

경기일보(2020.9.17일자). 노인포비아 확산.

경향신문(2022.12.20일자). 이태원 참사 유족 "제발… 제발… 혐오를 멈춰주세요."

광주일보(2020.3.28일자). 코로나19 세대갈등.

김수경(2020). 감염병, 이념, 제노포비아: '코로나19'의 정치화와 반중(反中) 현상. 『다문화와 평화』, 14(1): 22-43.

김용환(2018). 혐오와 관용의 관점에서 "이방인 (난민)" 바라보기. 『가톨릭철학』, 31: 5-34.

미디어오늘(2020.5.27일자). 세월호 참사 6년, 극을 달리는 혐오.

민주사회를 위한 변호사모임(2022.10.30). 이태원 참사 성명서.

서울신문(2020.9.22일자). 약자에게 떠넘기는 코로나 시대의 혐오.

MBC(2023.2.25일자). 튀르키예・시리아 강진 사망자 5만 명 넘어.

유네스코뉴스(2021.2.1). 우리가 살고 싶은 도시. 유네스코한국위원회.

조선일보(2020.3.17일자). 예약 거절 "물건 안사"… 코로나 꼬리표에 상처받는 대구・경북 시민들.

조선일보(2020.9.23일자). "또 '오륙남'이냐"… 잠잠했던 세대 갈등, 코로나 스트레스에 다시 수면 위로.

중도일보(2020.4.1일자). 코로나19 확산과 인종차별.

중앙일보(2020.5.1일자). "대구 사람이라면 치가 떨린다" 코로나보다 무서운 지역 혐오.

헤럴드경제(2020.8.25일자). "서울 관광객들 보면 화가 나요"… 코로나 재확산, '수도권・개신교 혐오'로.

Adger, W. Neil(2006). "Vulnerability." *Global Environmental Change*, 16(3): 268-281.

Ajibade, I., McBean, G., & Bezner-Kerr, R.(2013). Urban flooding in Lagos, Nigeria: Patterns of vulnerability and resilience among women. *Global Environmental Change*, 23: 1714-1725.

Altheide, David L.(2002). *Creating Fear: News and the Construction of Crisis*. New York: Aldine de Gruyter.

Beneria, L., & S. Feldman(eds.)(1992). Unequal Burden: Economic Crises, Persistent Poverty and Women's Work. Ithaca: Cornell University.

Berghman, J.(1995). *Social Exclusion in Europe: policy context and analytical framework*, 10-28 in G. Room ed., Beyond the Threshold: The measurement and analysis of social exclusion (Bristol: The Policy Press).

Bollman, R. D., & B. Biggs(1992). *Rural and Small Town Canada: An Overview*, 1-44 in R. Bollman ed., Rural and Small Town Canada (Toronto: Thompson Educational Publishing).

Braganza, K., Karoly, D. J., Hirst, A. C., Stott, P., Stouffer, R. J., & Tett, S. F.(2004). Simple indices of global climate variability and change Part II: attribution of climate change during the twentieth century. *Climate Dynamics*, 22: 823-838.

Breen, K.(2022). Disaster racism: using Black sociology, critical race theory and history to understand racial disparity to disaster in the United States. *Disaster Prevention and Management: An International Journal*, 31(3): 229-242.

Cappelli, F., Costantini, V., & Consoli, D.(2021). The trap of climate change-induced "natural" disasters and inequality. *Global Environmental Change*, 70: 102-329.

Chapman, P., E. Phimister, M. Shucksmith, R. Upward, & E. Vera-Toscano(1998). *Poverty and Exclusion in Rural Britain: the dynamics of low income and employment* (Aberdeen: The Arkleton Centre for Rural development Research).

Coase, R. H.(1991). *The nature of the firm*, 18-33 in O. E. Williamson & S. G. Winter eds., The Nature of the Firm: Origins, Evolution, and Development (New York: Oxford University Press).

Commins, P.(1993). *Combatting Exclusion in Ireland 1990-94: A mid-way report to the European Commission* (Brussels: the European Commission).

Dalla Costa, M., & G. Dalla Costa(eds.)(1995). Paying the Price: Women and the Politics of International Economic Strategy. London: Zed Books.

Dalrymple, T.(2004.8.7일자). Lynndie England was acting out the fantasies of frustrated people everywhere. *The Times*.

De Haan, A.(2007). Conceptualizing social exclusion in the context of India's poorest regions: A contribution to the Qual-Quant Debate. Q-Squared Working paper no.39.

Donner, W., & Rodríguez, H.(2008). Population composition, migration and inequality: The influence of demographic changes on disaster risk and vulnerability. *Social Forces*, 87(2): 1089-1114.

Eccleston, C. P., Kaiser, C. R., & Kraynak, L. R.(2010). Shifts in justice beliefs induced by Hurricane Katrina: The impact of claims of racism. *Group Processes & Intergroup Relations*, 13(5): 571-584.

Gerhardt, Sue(2004). *Why Love Matters: How Affection Shapes a Baby's Brain*. London: Routledge.

Granovetter, M., & R. Swedberg(1992). *The Sociology of Economic Life* (Boulder: Westview Press).

Grieco, M.(2016). The social sustainability of urban transport: a contemporary reflection on social inclusion and social exclusion in the context of urban disaster. *Strategies for Sustainable Mobilities: Opportunities and Challenges*, 227.

Grieco, M., & Hine, J.(2008). Stranded mobilities, human disasters: the interaction of mobility and social exclusion in crisis circumstances. The ethics of mobilities: Rethinking place, exclusion, freedom and environment, 65-71.

GURUSAMY, S.(2009). SOCIAL EXCLUSION AND COMMUNITY PREPAREDNESS IN DISASTER MANAGEMENT: A STUDY IN COASTAL DISTRICTS OF TAMILNADU.

Holmes, Richard(2003). *Acts of War*. London: Weidenfeld and Nicholson.

Imperiale, A. J., & Vanclay, F.(2021). Conceptualizing community resilience and the social dimensions of risk to overcome barriers to disaster risk reduction and sustainable development. *Sustainable Development*, 29(5): 891-905.

Ireni-Saban, L.(2013). Challenging disaster administration: Toward community-based disaster resilience. *Administration & Society*, 45(6): 651-673.

Jha, M. K.(2015). Liquid disaster and frigid response: Disaster and social exclusion. *International Social Work*, 58(5): 704-716.

Kadetz, P., & Mock, N. B.(2018). Problematizing vulnerability: Unpacking gender, intersectionality, and the normative disaster paradigm. In *Creating Katrina, rebuilding resilience*, 215-230. Butter worth-Heinemann.

Kammerbauer, M., & Wamsler, C.(2017). Social inequality and marginalization in post-disaster recovery: Challenging the consensus? *International Journal of Disaster Risk Reduction*, 24: 411-418.

Levinson, S. C.(1995). Interactional biases in human thinking. *In Social intelligence and interaction*, 221-260. Cambridge University Press.

L'Orientle Today(2023.2.20일자). Turkey's earthquake ignites wave of hatred toward Syrian refugees.

Low, S. M.(2011). Claiming space for an engaged anthropology: Spatial inequality and social exclusion. *American Anthropologist*, 113(3): 389-407.

Meher, M., Patra, H., & Sethy, K.(2011). Creating an empirically derived community resilience index for disaster prone area: A case study from Orissa. In *Disaster, Risk and Vulnerability Conference*. Meghalaya, India: Mahatma Gandhi University.

Nguyen, D. N., Imamura, F., & Iuchi, K.(2017). Public-private collaboration for disaster risk management: A case study of hotels in Matsushima, Japan. *Tourism Management*, 61: 129-140.

Oberly, T.(2022). Applying a disaster recovery framework to racism as a public health crisis: From theory to practice. *Journal of Urban Affairs*, 1-14.

Pierce, C.(1995). Stress analogs of racism and sexism: Terrorism, torture, and disaster. *Mental health, racism, and sexism*, 33: 277-293.

Poumadère, M., Mays, C., Le Mer, S., & Blong, R.(2005). The 2003 heat wave in France: dangerous climate change here and now. *Risk Analysis: an International Journal*, 25(6): 1483-1494.

Rahman, M. A.(2015). Governance matters: Power, corruption, social exclusion, and climate change in Bangladesh (Doctoral dissertation, The University of Arizona).

Reimer, B.(2004). Social exclusion in a comparative context. *Sociologia Ruralis*, 44(1): 76-94.

Rodriguez-Díaz, C. E., & Lewellen-Williams, C.(2020). Race and racism as structural determinants for emergency and recovery response in the aftermath of hurricanes Irma and Maria in Puerto Rico. *Health Equity*, 4(1): 232-238.

Room, G.(1995b). *Beyond the Threshold: The measurement and analysis of social exclusion* (Bristol: The Policy Press).

Safa, H. I.(1995). Economic Restructuring and Gender Subordination. *Latin American Perspectives*, 22(2): 32-50.

Saith, R.(2001). *Social exclusion: the concept and application to developing countries*. Oxford: Queen Elizabeth House.

Salecl, Renata(2004). *On Anxiety*. London: Routledge.

Sevoyan, A., & Hugo, G.(2014). Vulnerability to climate change among disadvantaged groups: the role of social exclusion. Applied Studies in Climate Adaptation, 258-265. Hoboken, NJ: Wiley-Blackwell.

Shucksmith, M.(2001). *History meets biography: Processes of change and social exclusion in rural areas*. Unpublished paper to Exclusion Zones: Inadequate Resources and Civic Rights in Rural Areas Conference. Belfast: Queen's University.

SILVER, H.(2007). Social exclusion. Available from: https://www.meyi.org/uploads/3/2/0/1/32012989/silver-social exclusion-comparative_analysis_of_europe_and_middle_east_youth.pdf

Sovacool, B. K., Tan-Mullins, M., & Abrahamse, W.(2018). Bloated bodies and broken bricks: Power, ecology, and inequality in the political economy of natural disaster recovery. *World Development*, 110: 243-255.

Sovacool, B. K., Xu, X., Zarazua De Rubens, G., & Chen, C. F. (2020). Social media and disasters: human security, environmental racism, and crisis communication in Hurricane Irma response. *Environmental Sociology*, 6(3): 291-306.

Stott, R.(2006). Healthy response to climate change. *BMJ*, 332(7554): 1385-1387.

Stuber, J., Resnick, H., & Galea, S.(2006). Gender disparities in posttraumatic stress disorder after mass trauma. Gender Medicine, 3(1): 54-67.

Task Force on Persistent Rural Poverty(1993). *Persistent Poverty in Rural America* (Boulder: Westview Press).

Thorat, S.(2009). Caste, Social Exclusion and Poverty Linkages: Concept Measurement and Empirical Evidence.

Thrift, N.(2005). But malice aforethought: cities and the natural history of hatred. *Transactions of the institute of British Geographers*, 30(2): 133-150.

Tierney, K.(2006). Social inequality, hazards, and disasters. *On risk and disaster: Lessons from Hurricane Katrina*, 2(1): 109-128.

Warr, P., & Aung, L. L.(2019). Poverty and inequality impact of a natural disaster: Myanmar's 2008 cyclone Nargis. *World Development*, 122: 446-461.

Williamson, O. E., & S. G. Winter(1991). *The Nature of the Firm: Origins, Evolution, and Development* (New York: Oxford University Press).

Yang, Gi Geun(2016). A Strategy for Overcoming Disaster Vulnerability and Improving Resilience: Focusing on the Conceptual Integration of Disaster Vulnerability and Resilience. Crisisonomy, 12(9): 143-155.

https://www.hrw.org/news/2020/05/12/covid-19-fueling-anti-asian-racism-and-xenophobia-worldwide

제 3 장

재난 커뮤니케이션과 리터러시 격차

1 재난의 정의와 종류

'재난(disaster)'이란 무엇일까? 재난을 정의하기 위해 우선, 재난과 혼동되는 위험(hazard), 위기(crisis), 긴급 또는 응급(emergency)의 개념을 살펴볼 필요가 있다. 위험은 생명의 손실, 부상 또는 기타 건강 관련 영향, 재산의 피해, 생계와 서비스의 손실, 사회적 · 경제적 붕괴, 환경 피해를 일으키는 위험한 현상 · 물질 · 인간 행위 · 상태를 말한다(United Nations, 2009). 그리고 이러한 위험이 공동체나 사회가 가지고 있는 자원으로 처리할 수 있는 범위를 넘어서, 공동체나 사회의 기능이 심각하게 망가진 것을 재난이라고 한다.

위기는 어떤 사건으로 발생하는 기대하지 않은(unexpected), 예상치 못한(unpredictable) 사건을 의미하며, 조직의 이해당사자들(stakeholders)의 기대를 위협하고 조직에 불확실성을 제공하며, 잠재적으로 부정적인 결과를 일으키는 사건을 말한다(Adkins, 2010). 여기서 이해당사자란, 위기 상황에 직접적으로 관련 있는 개인이나 지역사회 뿐만 아니라 뉴스 미디어와 같은 중개 기관, 위기를 처리하기 위한 행위자들의 네트워크에 속한 기타 대응 기관들을 의미한다(Palttala et al., 2012).

위기는 조직의 내부적 약점에서 나타나는 부정적인 결과에 해당하며, 외부의 자극에 대응을 하는 과정에서 드러나기도 한다. 반면, 재난은 잠재적으로 조직을 위협하는 외부의 사건이다. 예를 들면, 동해안에 지진과 해일이 발생한 것은 재난이지만, 이 재난으로 인해 해당 지역의 지진 해일의 경고 시스템이 제대로 작동하지 않는다는 문제점, 즉 조직의 약점이 드러나는 것은 위기 상황에 해당한다. 조직이 통제를 할 수 있는 내부적 문제인지 그렇지 않은 외부적 문제인지의 차이가 있기는 하지만, '재난'과 '위기' 용어는 상호 호환적으로 쓰이고 있다. 응급(emergency) 역시 학자들 사이에서 재난의 긴급한 상황을 내포하고 있는 개념으로 쓰이기는 하지만, 위기와 서로 연결되는 부분이 있어서 함께 사용하고 있다(Stute et al., 2020).

사람들은 재난을 생각하면 화재나 지진, 태풍과 같은 자연 현상을 쉽게 떠올리지만, 재난의 종류는 다양하다. UN은 재난을 인적(man-made; anthropogenic; or technological) 재난과 자연(natural) 재난, 두 가지 종류로 구분하고 있다(UNDRR, 2009). 인적재난은 환경 파괴, 오염, 산업 사고 등 인간에 의해 발생하거나 인간의 거주지 근처에서 일어난 재난을 말한다. 반면, 자연재난은 지구물리학적(geophysical), 수자원적(hydrological), 기후학적(climatological), 기상학적(meteorological), 생물학적(biological) 요인에 의한 현상으로, 화산 활동이나 홍수, 전염병과 같은 사건을 말한다(Stute et al., 2020; 재난의 종류와 예시는 〈표 3-1〉 참고). 이처럼 우리가 흔히 알고 있는 자연재난 외에도 굉장히 다양한 재난이 있다.

표 3-1 재난의 종류와 예시

종류		예시
자연재난	지구물리학적	화산활동, 지진, 산사태, 쓰나미
	수자원적	홍수, 눈사태,
	기후학적	극한 기온, 가뭄
	기상학적	싸이클론, 폭풍해일, 산불
	생물학적	질병 유행, 곤충과 동물 감염
인적재난		무력분쟁, 산업 사고, 오염

출처: Stute et al.(2020).

2 재난관리와 커뮤니케이션

1) 재난, 위험, 위기 커뮤니케이션

재난 상황이 가져올 수 있는 부정적인 영향을 줄이기 위해서 자원과 책임을 조직하고 관리하는데, 이 과정을 재난관리라고 한다(Kankanamge et al., 2021). 재난을 관리하는 주요 목적은 ① 재난의 영향권에 있는 사람들(affected people)이 효과적으로 대응하여 재난으로부터 손실을 최소화하고, ② 최적의 방법으로 회복(복구)하는 것이다(Lamsal & Kumar, 2020). 이를 위해서 크게 세 단계로 재난을 관리한다: ① '재난 전(pre-disaster)' 단계에서는 예방, 완화, 준비와 관련된 조치를 취하며, ② '재난 중(during disaster)' 단계에서는 재난의 영향권에 있는 사람들의 필요를 충족시킬 수 있고, 이들의 고충을 줄일 수 있는 행동을 하며, ③ '재난 후(after disaster)' 단계에서는 피해 집단이 빠르게 회복하고 회복이 오래 유지될 수 있는 활동을 한다(Lamsal & Kumar, 2020; Sun et al., 2020).

재난관리에서 '커뮤니케이션'은 재난과 관련된 모든 이해당사자들에게 재난 정보를 수집, 처리, 저장, 검색, 전달하는 역할을 한다(Owolabi & Ekechi, 2014). 당장 조치가 필요한 개인이나 집단뿐만 아니라, 뉴스 미디어 등의 중개 기관 및 기타 대응 기관과도 재난 및 응급 상황에 대해 소통이 필요하기 때문에 커뮤니케이션은 재난관리 과정에서 필수 요건 중 하나다. 국내에서 있었던 구제역, 천안함, 메르스, 이태원 압사 등의 사건・사고에서 커뮤니케이션이 제대로 되지 않아 많은 희생이 발생하고, 이후에 관련 기관의 평판이 떨어졌던 것을 생각하면, 재난 및 안전관리에서 커뮤니케이션이 매우 중요한 역할을 하고 있다는 것을 알 수 있다.

최근에는 '재난 커뮤니케이션'이라는 용어를 사용하기도 하는데, 재난 경고를 설계하거나 전달하는 목적에서 '위험(risk) 커뮤니케이션'과 '위기(crisis) 커뮤니케이션'의 형태를 띠고 있다(Houston et al., 2012). 위험 커뮤니케이션은 재난과 관련된 일반적인 정보를 담고 있는 반면, 위기 커뮤니케이션은 생명을 위협하고 위험한 사건에 대한 구체적이고 정확한 정보를 제공한다(Reynolds & Seeger, 2005). 또한 위험 커뮤니케이션은 개인, 단체, 기관이 위험과 관련된 정보(예: 위해 요소, 위협 완화 행동)를 공유하여 특정 행동에 대한 대중의 판단을 도와주는 것이라면(최재욱 외, 2015; Keeney & Von Winterfeldt, 1986), 위기 커뮤니케이션은 위기에 처한 기관과 이해관계자 간에 특정한 정보를 공유하고 위기의 책임을 관리하며,

피해 완화와 회복을 위한 방법 등을 위기 전, 내, 후 단계에 맞게 솔직하고 신속하고 정확하게 제시하는 것이다(Reynolds & Seeger, 2005).

최근 이슈가 되고 있는 일본 방사능 오염수 방류로 예를 들어 보자. 위험 커뮤니케이션이 일반대중에게 방사능 오염수가 건강에 미치는 효과, 일본 수산물의 상태 등에 대한 정보를 제공하여 '방사능 오염수 방류'라는 행위에 대한 위험을 인식하고 의사결정을 하는 데 도움을 주는 것이라면, 위기 커뮤니케이션은 방사능 오염수의 피해 및 영향권에 있는 사람들을 대상으로 예상되는(또는 발생한) 피해의 정도를 조사하고, 피해에 대처할 수 있는 방법을 제공하며 소통하는 것이다.

재난 커뮤니케이션의 영역은 점차 확장되어 위험 커뮤니케이션 및 위기 커뮤니케이션 이상의 의미를 지니고 있다. 기존 재난 커뮤니케이션의 목적이었던 재난 경고 설계나 전달의 목적을 넘어서, 회복탄력성(resilience) 향상, 재난 준비, 재난 관련 고통의 완화, 건강과 회복 촉진, 사회와의 (재)연결, 안정된 환경 복구, 향후 부상과 사망 방지 등의 목표가 추가되고 있다(Hazarika et al., 2021).

2) 위기 · 응급 위험 커뮤니케이션 모델(Crisis and emergency risk communication model: CERC 모델)과 재난 커뮤니케이션 설계(Disaster communication plan)

학자들과 실무자들은 재난을 관리하기 위한 커뮤니케이션을 이론적으로 접근하고 있다. 그 중 하나가 미국 질병관리본부(Centers for Disease Control and Prevention: CDC)에서 여러 위기 커뮤니케이션 이론들을 통합하여 만든 CERC 모델(Reynolds et al., 2002)이다. 이 모델은 위기가 발생했을 때 이해관계자들과 대중 사이에 필요한 전략적 커뮤니케이션의 원칙을 5단계로 나누어 설명하는데, 재난이 발생한 상황에서도 적용할 수 있어서 재난 커뮤니케이션의 기초 모델이 되고 있다. 이 모델은 위기가 예측가능하고 체계적으로 발전한다고 가정하며, 이에 따라 단계별 특징과 커뮤니케이션 목표를 다음과 같이 설정하고 있다(보다 구체적인 특징과 목표는 〈표 3-2〉 참고).

- 1단계: 위기가 등장하기 전에 일반대중에게 위험에 대해 이해시키고 관련 기관에 협조 요청
- 2단계: 위기가 등장했을 때 빠르게 위기에 대처하고 피해집단을 안심시키기 위한 방법 제시
- 3단계: 구체적인 조사를 통해 배경 요인을 파악하고 잘못된 정보를 수정
- 4단계: 원인과 책임에 대해 논의하고 복구를 위해 지속적으로 정보 제공
- 5단계: 위기에 대해 평가하고 새로운 위험에 대해 대비

표 3-2 위기 · 응급 위험 커뮤니케이션 모델

CERC 단계	특징과 커뮤니케이션 목표
Ⅰ. Pre-crisis (위기 전)	► 키워드: 위험 메시지, 경고, 준비 ► 목표 집단: 일반대중 및 대응이 필요한 지역사회 ► 커뮤니케이션 목표: • 새로 생긴 위험에 대한 모니터링과 인식 • 위험에 대한 일반대중의 이해 • 발생할 수 있는 부정적인 사건에 대한 준비 • 피해의 발생가능성을 줄일 행동변화(자아효능감) • 위협에 대한 구체적인 경고 메시지 • 기관, 조직, 집단과의 연합 및 협조 • 전문가와 대변인의 합의된 권고사항 개발 • 추후 단계를 위한 메시지 개발과 테스트
Ⅱ. Initial event (초기 사건)	► 키워드: 불확실성 감소, 자아효능감, 안심 ► 목표 집단: 일반대중과 피해 집단(affected groups) ► 커뮤니케이션 목표: • 공감, 안심, 심리적 장애 감소 • 위기 대변인 및 공식적인 소통 채널과 방법 지정 • 이용 가능한 정보를 바탕으로 위기 상황, 발생한 결과, 예상되는 결과에 대해 넓고 일반적인 이해 • 위기 관련 불확실성 감소 • 응급관리 및 의료진 대응에 대한 구체적인 이해 • 자아효능감과 개인적 대응 조치에 대한 이해(어디서/어떻게 더 많은 정보를 얻을 수 있는지)
Ⅲ. Maintenance (유지)	► 키워드: 진행 중인 불확실성 감소, 자아효능감, 안심 ► 목표 집단: 일반대중과 피해 집단 ► 커뮤니케이션 목표: • 진행 중인 위험에 대한 더 정확한 대중의 이해 • 배경 요인과 이슈에 대한 이해 • 대응과 회복을 위한 지지와 협조 • 피해 집단의 피드백과 오해/루머에 대한 정정 • Ⅱ단계에서 시작된 자아효능감과 개인적 대응 조치에 대한 지속적인 설명과 해석 • 위험/혜택에 대한 이해를 바탕으로 대중의 의사결정
Ⅳ. Resolution (해결)	► 키워드: 해결 관련 최신 정보, 원인과 새로운 위험에 대한 논의

<table>
<tr><td></td><td>► 목표 집단: 일반대중과 피해 집단
► 커뮤니케이션 목표:
• 정화, 복원, 복구, 재건축에 대한 지속적인 정보 제공 및 설득
• 원인, 비난, 책임, 대응의 적절성에 대해 정직하고 개방적으로 논의 및 해결
• 새로운 위험, 기존 위험에 대한 새로운 해석, 새로운 위험 회피 행동과 대응 과정에 대한 대중의 이해
• 긍정적인 기업 정체성과 이미지 강화를 위한 기관과 조직의 조치와 능력 향상</td></tr>
<tr><td>Ⅴ. Evaluation
(평가)</td><td>► 키워드: 대응의 적절성에 대한 논의
교훈과 새롭게 알게 된 위험에 대한 합의
► 목표 집단: 대응했던 지역사회와 기관
► 커뮤니케이션 목표:
• 대응에 대한 평가와 측정(예: 커뮤니케이션 효과성)
• 배운 교훈을 문서화, 공식화, 소통
• 위기 커뮤니케이션과 위기 대응 능력을 향상시키기 위한 구체적인 조치 결정
• '위기 전(단계Ⅰ)' 활동과 연결</td></tr>
</table>

출처: Reynolds & Seeger(2005).

다만, 이 모델의 순서를 따르지 않는 위기나 응급 상황, 이차 쇼크, 또는 위기 단계들이 오랜 기간 동안 유지되는 만성적인 위기 같은 경우는 CERC 모델로 관리가 어려운 부분이 있다(Reynolds & Seeger, 2005). 그럼에도 불구하고, 해당 모델은 대중의 위험 인식과 예방에 초점을 맞추는 위험 커뮤니케이션(Seeger & Reynolds, 2007)과 이해관계자들 및 사회에 관심을 두는 위기 커뮤니케이션(Coombs, 2012)을 모두 고려한 실용적인 모델이며, 불확실성을 줄이고 위기관리자들이 대중의 커뮤니케이션 수요와 문제점을 예상할 수 있는 체계적인 접근법(Reynolds & Seeger, 2005)이라는 평가를 받고 있다.

CERC 모델은 건강과 관련된 위기로부터 발전하였지만, 재난과 관련된 커뮤니케이션 계획을 설계할 때도 이 모델을 참고하고 있다. 예를 들면, 긴급한 시간 동안 정보를 제대로 제공하여 대중이 최신의 정보를 바탕으로 의사결정을 할 수 있었는지, 재난이 닥친 시간 동안 대중의 패닉과 혼란을 최소화하기 위한 노력이 있었는지에 대한 문제는 여러 기관에서 재난 커뮤니케이션을 할 때 강조하는 사항이기도 하다. 그래서 기존의 모델을 바탕으로 하되, 공중 보건 책임자(public health officials) 입장에서 좀 더 재난에 초점을 맞춘 재난 커뮤니케이션 계획(disaster communication plan) 전략을 발전시키기도 했다(Tulane University, 2023).

① 다양한 경로(소셜 미디어, 언론, 웹사이트, 기타 소통 방법 이용 등 메시지 전달 방법에 대한 세부사항)를 통해 통합 대응 개발
② 신뢰할 만한 전달자(메시지를 전달하는 역할 및 책임을 수행하고, 대중으로부터 받을 비난을 대처할 수 있는 방법을 제공할 사람) 섭외
③ 취약 집단과의 소통 향상
④ 과학적 불확실성 정상화(불확실성 관리)
⑤ 오정보와 허위정보에 대한 빠른 대응
⑥ 공감을 담은 소통
⑦ 대중이 행동을 실천할 수 있도록 권한 부여

CERC 모델과 마찬가지로 재난 커뮤니케이션 계획에서도 재난 상황과 원인, 해결 방법에 대한 메시지 전달, 재난으로 인해 피해를 입게 되는 집단과의 소통과 공감, 잘못된 정보의 수정, 피해 집

단 또는 잠재적인 피해의 영향권에 있는 사람들이 재난에 대응 또는 준비할 수 있도록 자아효능감을 높여줄 수 있는 방법(권한 부여)을 강조하고 있다. 더불어 재난 커뮤니케이션 계획에서는 재난 정보를 전달하고 대중의 피드백에 대응할 수 있는 전달자의 역할도 중요하게 보고 있다.

이러한 이론적인 틀은 실제 사례를 통해서도 그 효과를 확인할 수 있다. 국내·외에서 발생한 재난과 대응 과정을 분석해본 결과, CERC 모델에서 제시하는 단계별 원칙들이 잘 지켜진 경우는 재난 대응에 성공하였으며, 위기 커뮤니케이션 전문가가 없거나 대중과의 소통이나 정보 공유가 제대로 되지 않은 경우는 대응에 실패하였다(김영기, 2016). 2015년 메르스(MERS)에 대한 위기 대응은 정부, 이해관계자, 대중 간의 커뮤니케이션이 초기에 제대로 이루어지지 않고, 정보가 빠르고 정확하게 공유되지 않아 불안감과 혼란이 형성되었던 대표적인 사례다.

CERC 모델이나 재난 커뮤니케이션 계획이 체계적이고 예측 가능하다는 측면에서는 가치가 있지만 둘 다 정보 제공자의 입장에 초점을 맞추어 전략을 제시하고 있다. 하지만 '주어진 정보를 받아들일 능력이 있는지', '정보를 전달하는 수단을 이용할 능력이 있는지'와 같은 정보 수용자의 특징도 살펴볼 필요가 있다. 그리고 이에 대한 문제점을 파악하여 해당 능력이 없는 집단에 대한 관리가 필요하다.

3 재난 커뮤니케이션과 취약계층, 리터러시

재난관리에 미디어를 이용하게 되면서(Kankanamge et al., 2021), 오정보, 가짜 뉴스, 스팸, 피싱 메시지도 전파될 수 있다는 문제가 생겼다(Flores-Saviaga & Savage, 2020; Valenzuela et al., 2019). 앞의 두 이론적 틀에서 강조했듯이, 재난 상황 중에 잘못된 정보가 발생하게 되면 빠르게 정정해야 한다. 하지만, 잘못된 정보가 잘못된 줄 모르거나 정보가 정정되더라도 이를 제대로 이해하지 못한다면, 또는 잘못된 정보를 그대로 다른 사람들에게 공유한다면, 그로 인한 사람들의 정신적, 신체적, 물리적 피해는 더욱 커지게 된다. 또한 잘못된 정보로 인해 재난 대응 기관에 대한 신뢰도 떨어질 수 있다(Kim et al., 2020).

이러한 문제점은 정보와 미디어를 이용하는 능력의 차이로 심화될 수 있는데, 이 메커니즘을 이해하기 위해서는 '리터러시(literacy)'에 대해 알아야 한다. 리터러시란, 읽고, 쓰고, 특정 분야의 지식을 얻을 수 있는 능력을 말한다(Kimura et al., 2017). 이 개념은 이후 다양한 분야에 적용되어 정보 리터러시, 미디어 리터러시, 컴퓨터 리터러시, 인공지능 리터러시 등으로 발전하였다. 브라운 외(Brown et al., 2014)는 이러한 리터러시의 의미를 바탕으로 '재난 리터러시'라는 개념을 소개하였고, 사람들이 재난을 완화, 준비, 대응, 회복하는 과정에서 정보를 바탕으로 한 의사결정(informed decision-making)을 하고 지침을 따르기 위해 정보를 읽고, 이해하고,

사용할 수 있는 능력이라고 정의했다. 최근에는 재난관리와 재난 대응을 향상시키고자 인터넷을 이용한 재난관리 지식을 수집하고 정리하고 전달하는 능력인 '재난관리 리터러시(disaster management literacy; Kimura et al., 2017)' 개념을 발전시키며, '재난을 직면하고 극복하는 데 필요한 능력'을 강조하고 있다.

이와 같이 굉장히 다양한 리터러시의 종류가 있지만, 이 장에서는 재난관리 및 커뮤니케이션에서 주로 발생할 수 있는 정보와 미디어 리터러시, 그리고 각 리터러시의 격차가 불러올 결과에 대해 알아보고자 한다.

1) 건강(정보) 리터러시

재난 커뮤니케이션에서 중요한 정보 리터러시 격차를 설명하기 위해서 우선 '건강 리터러시(health literacy)'의 개념을 알 필요가 있다. 미국 보건복지부(US Department of Health and Human Services)는 10년마다 건강과 관련된 목표와 중점 영역들을 정리하는데, 2020년에 나온 Healthy People 2030에서는 리터러시를 '개인의 건강과 관련된 의사결정과 행동을 위해 정보와 서비스를 찾고 이해하고 사용할 수 있는 능력'이라고 정의하였다. 이전에는 정보의 '획득'과 '이해'를 중요하게 생각했지만, 2030 버전에서는 이와 더불어 정보의 '사용'에 초점을 맞추었다. 또한 건강 리터러시를 개인적 건강 리터러시와 조직적 건강 리터러시로 구분하고, 공중 보건의 입장을 도입하여, 본인뿐만 아니라 다른 사람들을 위한 건강 관련 결정이나 행동을 하기 위해 정보와 서비스를 '공정하게' 찾고 이해하고 사용할 수 있도록 조직이 책임을 지는 것을 강조하고 있다.

건강 리터러시는 초기에 '건강관리' 분야에서 독해와 산술 능력을 측정하기 위한 개념이었지만(AMA Ad Hoc Committee, 1999), 점차 그 측정 범위와 영역을 넓혀 사람들의 건강과 관련된 환경이나 재난 분야에서도 폭넓게 적용되고 있다. 이처럼 재난 리터러시는 건강 리터러시에서 발전되었기 때문에, 위에서 언급한 건강 리터러시의 새로운 개념과 초점은 재난관리에서도 중요하게 작용할 수 있다. 위기 및 재난관리자들은 위험 사건들을 대비하기 위해서 사람들이 위험에 대해 인식하고 예방 행동을 하도록 하며(위험 커뮤니케이션), 위험 사건들이 닥쳤을 때 경보를 보내고 특정 행동을 통해 위기에 대응하도록 한다(위기 커뮤니케이션). 이 과정에서 대중은 위험에 대한 정보(지식, 사실, 뉴스)를 수집해서 현재의 상황을 파악하고, 대피 장소 및 재난 대응 메시지를 공유함으로써 위험의 영향(피해)을 줄인다(Hansson et al., 2020). 그런데 해당 정보를 찾고 이해하고 사용할 수 있는 능력이 부족하다면, 위험에 취약할 수밖에 없다. 예를 들면, 노인들은 전문 용어나 기술적 용어, 우회적인 용어, 또는 여러 조건들이 복합적으로 제시된 가이드라인을 이해하고 이용하는 데 어려움을 겪는다(McLaughlin & Mayhorn, 2014). 재난관리에 필요한 정보가 특정 집단에게 공정하게 전달이 되지 못한다면, 이는 Healthy People 2030에서 강조하는 '건강 공정성(health equity)'이라는 목표를 이루지 못하는 것이다.

노인 집단이 아니더라도 건강 리터러시 수준이 떨어지면 전문가들끼리 다른 의견을 내거나(Ahn & Kahlor, 2022) 잘못된 정보(루머, 가짜 뉴스 등)에 노출이 되는 경우, 정보나 정보원의 관련성이나 신뢰성을 판단하기 어려워 적절한 예방 행동을 하지 못하게 될 수 있다(Hansson et al., 2020). 최근(2023.5.31)에 북한이 우주발사체를 발사하여 대피를 준비하라는 경계경보가 발령되었다(고은지 · 계승현, 2023). '국민 여러분께서는 대피할 준비를 하시고, 어린이와 노약자가 우선 대피할 수 있도록 해주시기 바랍니다'의 위급재난 문자였지만 대피 방법이나 장소에 대한 내용은 포함되지 않았다. 또한 30분 뒤 오발령이라는 위급재난문자가 발송되었으며, 이후 '서울시 전 지역 경계경보 해제되었음을 알려드립니다'라는 문자가 다시 발송되었다(경계경보는 백령면 대청면에 발령되었으며, 서울 지역은 경계경보 지역이 아니었다). 이때 '경계경보', '오발령', '경계경보 해제'와 같은 용어나 이전에 받았던 문자와 일관되지 않는 오정보(경계경보의 지역)는 대중에게 혼란과 불안을 줄 수 있다. 특히, 일련의 정보를 분석하거나 해당 내용의 사실 여부를 추가적으로 확인하기 어려운 집단에게는 더욱 문제가 된다. 따라서 재난 커뮤니케이션을 할 때는 메시지 수용자가 전달하는 정보의 내용을 확인하거나 다른 사람들에게 정확한 정보를 제공, 전달할 수 있는 능력이 있는지를 염두에 두어야 하며, 해당 능력이 부족한 집단에게는 리터러시 교육을 통해 건강 · 재난 리터러시를 향상시킬 수 있어야 한다.

2) 디지털 미디어 리터러시

최근에는 재난을 관리하는 데 소셜 미디어가 큰 역할을 하고 있다. 위기관리자는 소셜 미디어를 통해 실시간으로 위기의 진행 상황을 전달할 수 있으며, 많은 사람들에게 적은 비용으로 빠르게 정보를 확산시킬 수 있기 때문이다(Crowe, 2011; Keim & Noji, 2011). 게다가 소셜 미디어에서 형성된 정보(예: 피드나 이미지 데이터)를 인공지능과 머신러닝으로 분석하여 재난을 파악하고(Ahn et al., 2021; Alam et al., 2017), 위험을 예상하거나 정보를 정정하고 대중에게 올바른 행동지침을 확인해주는 것도 가능하다(Liu et al., 2020). 또한 소셜 미디어 이용자들 간의 대화를 통해 대중의 걱정이나 패닉 상태을 알고 이를 빠르게 해결할 수 있어서 재난 상황에서 소셜 미디어가 많이 이용되고 있다(Lazard et al., 2015).

이렇게 재난관리에 최신의 미디어가 활용되면서 디지털 미디어를 이용하는 능력이 중요해지게 되었다. 위에서 언급했던 '리터러시'가 정보의 주제나 분야에 따라 건강, 환경, 재난 리터러시로 확장되었다면, 정보가 전달되는 미디어에 따라 디지털 미디어 리터러시, 컴퓨터 리터러시, 인공지능 리터러시 등으로 발전한 것이다. 후자의 경우, 특정 미디어에 대한 이해와 지식이 있고 미디어를 통제할 수 있으며, 해당 미디어를 통해 얻는 정보의 가치를 평가하기 위해 비판적으로 사고할 수 있는 능력을 의미한다(윤지원·제남주·박미라, 2021; Gilster, 1997). 일부 학자들은 정보 리터러시는 정보를 소통하는 능력이며, 미디어 리터러시는 미디어 활동에 참여해 민주화의 일부로 자신을 표현하는 능력이라고 구분하기도 했다(Muktaf & IP, 2017). 요약하면, 디지털 미디어 리터러시는 디지털 미디어를 잘 다룰 줄 알아서 해당 미디어를 통해 정보를 습득하고 활용할 수 있는 능력이라고 볼 수 있다.

프리요위도도와 루익(Priyowidodo & Luik, 2013)은 재난관리 시 초기 경보 시스템에 정보통신기술(Information and Communication

Technology)이 사용된다는 점에서 재난 리터러시를 미디어 리터러시로 접근하였다. 즉, 지역사회가 재난 정보를 제공하거나 재난위험을 줄이기 위해 어떤 미디어를 선택하고, 어떻게 이용할 것인지를 미디어 리터러시를 통해 설명하고자 한 것이다. 위기관리자는 재난의 완화, 준비, 회복의 과정에서 대중과 소통한다. 이때 위기관리자가 제공하는 각 단계의 정보를 이해하고 활용할 수 있는 능력이 건강(정보) 리터러시라면, 이러한 정보를 전달하는 미디어의 특성을 이해하고, 해당 미디어를 통해 조직과 공중, 공중과 공중 간의 소통 및 표현하는 능력이 미디어 리터러시다.

디지털 미디어 리터러시는 디지털 미디어를 통해 정보를 습득하고 활용하는 능력을 포함하기 때문에 건강(정보) 리터러시와 겹치는 부분이 있지만, 미디어 활용에 좀 더 초점이 맞춰져 있다. 예를 들면, 위기관리자들은 잘못된 재난 정보나 사람들이 오해하고 있는 부분을 바로잡기 위해서, 그리고 재난이 발생한 후에 사람들을 안심시키기 위해서 소셜 미디어에서 빠르게 정보를 공유하는데, 소셜 미디어 이용자들은 이러한 정보 및 전달 방식을 반기고 있다(Liu et al., 2020). 하지만, 이를 거꾸로 생각해보면, 소셜 미디어를 이용하지 않거나 해당 미디어 리터러시 능력이 떨어지는 사람들 또는 집단들은 재난 정보에 접근하지 못하거나 미디어를 제대로 이용하지 못해 재난 대응 및 예방에 취약하게 된다. 즉, 정보를 이해하지 못해서 의사결정을 하지 못하는 것과는 또 다른 문제인 것이다. 결국 디지털 미디어 리터러시 수준이 낮으면 일상에서 디지털 미디어를 이용하지 못해 불편한 것을 넘어서 재난 상황 시 생존과 치유에도 영향을 미치게 된다.

디지털 미디어 리터러시는 디지털 격차(digital divide)와 관련이 있어서 디지털 소외계층으로 분류된 노약자나 신체적 또는 언어적 장애가 있는 사람들, 그리고 이들의 디지털 미디어 리터러시에 관심을 가질 필요가 있다(Madianou, 2015). 예를 들면, 젊은 사람들은 소셜 미디어를 이용해 위험을 인식하거나 실시간 정보가 반영되는 크라우드 소스 매핑(crowd-source mapping)과 같이 인공지능을 도구로 이용하는 것에 대해 긍정적으로 생각하고 있는 반면(Kankanamge et al., 2021), 스마트 장치나 심지어 인터넷 기술에 접근하기 어려운 집단(예: 노인층)도 있다(International Telecommunication Union, 2015).

한국의 경우, 집단 간 미디어 리터러시 수준의 차이가 크며(양길석 외, 2020), 장애인의 디지털 리터러시 수준은 비장애인(100 기준)에 비해 74.2%밖에 미치지 못하다는 결과가 있었다(과학기술정보통신부, 2020). 최근에 과학기술정보통신부와 한국지능정보사회진흥원(2023)이 진행한 2022 디지털 정보격차 실태조사에서는 저소득층, 장애인, 농어민, 고령층의 디지털 접근·역량·활용 수준이 작년 대비 증가한 것으로 나타났지만, 여전히 일반국민의 디지털 정보 수준의 76.2%인 상태다. 우리는 최신 미디어 기술을 통해 재난 커뮤니케이션을 하고 있지만, 아직도 디지털 미디어 리터러시 격차로 인해 '공정한' 정보 접근·역량·활용이 어렵기 때문에, 미디어 리터러시 교육이 반드시 필요하다. 레이놀즈와 시거(Reynolds & Seeger, 2005)는 위기관리 시 청중이 다양하거나 다양한 방식으로 위기에 영향을 받을 요소가 있다면, CERC 모델의 각 단계에서도 하나 이상의 커뮤니케이션 수단이 필요하다고 말한다. 이를 디지털 미디어 리터러시에 대입시켜보면, 청중의 미디어 리터러시 수준에 맞게 여러 미디어를 이용하여 재난 관련 정보를 제공해야 할 것이다.

4 재난 커뮤니케이션 연구동향

최근 커뮤니케이션 분야에서는 재난과 관련된 정보 연구와 재난 예방 및 교육을 위한 기술 연구를 많이 하고 있다. 정보 연구에서는 재난에 대한 오정보와 그 효과를 주로 다루고 있다. 재난 상황에서 오정보는 과학적으로 근거가 있는 정보나 공중 보건 권고사항보다 더 자주 소셜 미디어를 통해 퍼지며(Pulido et al., 2020), 대중의 행동 및 감정에도 많은 영향을 미치는 만큼 오정보와 관련된 다양한 연구 주제들이 있다. 예를 들면, 사람들은 오정보에 노출되면 그 정보가 가짜라는 것을 검증하기 위해 정보를 탐색하게 된다고 주장하는 학자들이 있는 반면(Tandoc et al., 2017), 오정보에 노출이 되었다고 해서 새로운 정보를 찾아서 스스로를 보호하기보다는 기존에 가지고 있던 태도나 신념을 유지하려는 경향이 있다는 연구 결과도 있다(Thorson, 2016). 실제로, 코로나19와 관련된 오정보(예: 구강청결제로 가글하기, 마늘 먹기, 소금물로 정기적으로 코 씻기)와 그 효과들에 대해 조사한 결과, 사람들은 이러한 오정보를 받더라도 정보가 부족한 상태라고 느끼지 못했으며, 추가적으로 정보를 찾거나 체계적으로 정보를 처리하려고 하지 않고, 오히려 이후의 정보를 회피하고 단서 위주의 휴리스틱 처리과정을 선호했다(Kim et al., 2020).

이처럼 기존 연구들을 통해 오정보가 재난 상황을 극복하고 안전 행동을 하는 데 치명적으로 영향을 끼친다는 것은 파악했지만, 재난 상황에서 리터러시의 역할 또는 재난과 관련된 오정보와 정보 리터러시의 관계에 대한 연구는 아직 부족하다. 건강(정보) 리터러시 수준에 따라 재난안전 가이드라인이나 경고 메시지 등을 이해하고, 오정보를 구분하여 다른 사람들과 제대로 된 정보를 공유할 수 있는지 등에 대한 연구가 필요하며, 이러한 연구들을 바탕으로 재난관리를 위한 리터러시 교육이 이루어져야 한다.

또 다른 연구 분야로는 재난 교육 및 재난 후 회복 활동을 도와주는 커뮤니케이션 기술 연구가 있다. 예를 들면, 가상현실을 통해 이용자들에게 재난 상황을 체험하게 하는 것이다. 가상현실 기술은 재난 상황에 직접 노출을 시키기 어려운 상황에서 적은 비용으로 큰 효과를 낼 수 있는 방법이다. 그래서 다양한 재난 상황을 제작하여 이용자들에게 체험과 교육을 동시에 하고 있다. 펭과 동료들(Feng et al., 2022)은 병원(실내 건물)에서 지진이 발생했을 때 대처 방법을 교육하기 위해 관련 상황을 가상으로 만들었다. 이용자들은 지진이 발생하기 전부터 발생한 순간, 지진이 지나간 후의 상황까지 겪어볼 수 있으며([그림 3-1] 참고), 매 순간 이용자의 결정에 따라 가상 체험의 장면은 바뀌게 된다. 예를 들면, 이용자들은 지진이 나자마자 탈출을 시도할 수도 있고, 회의실 안에 남아 있을 수도 있다. 계단으로 내려갈 수도, 엘리베이터를 타고 내려갈

그림 3-1 가상현실 시나리오 스토리라인

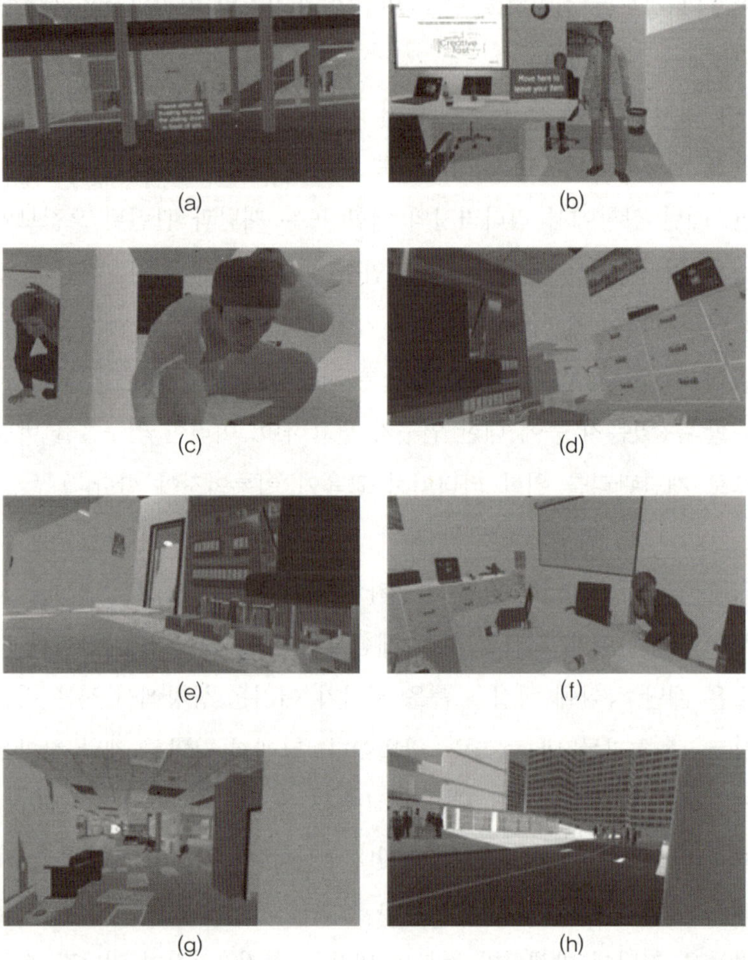

(a) 지진 전 병원 밖; (b) 지진 전, 회의실 안; (c) 지진 중, 회의실 안, 화면 속 캐릭터들이 넘어지고 막고 잡는 행동; (d) 지진 중, 회의실 안, 복사기 전기 스파크 튐; (e) 지진 중, 회의실 안, 물건이 떨어지기 시작; (f) 지진 후, 회의실 안; (g) 지진 후, 회의실 밖; (h) 지진 후, 병원 밖.

수도 있다. 이용자의 반응에 따라 스토리는 다르게 진행된다. 가상의 지진 상황에서 이용자들의 행동과 말(음성)을 녹화하여 지진의 각 단계(지진 시작, 지진 정지, 대피 시작)에서 발생 가능한 안전 행동과 위험 행동의 빈도를 분석함으로써, 실제 지진이 발생했을 때 예상되는 사람들의 행동 패턴을 파악할 수 있다. 이러한 가상현실 연구를 통해 각 재난 단계에서 사람들이 원하는 또는 필요로 하는 정보를 알고 그에 대한 훈련과 메시지를 제작할 수 있으며, 사람들이 재난 체험 시 많이 하지 않았던 안전 행동에 대해서는 집중적으로 교육할 수 있다.

이렇게 가상현실을 이용하여 게임이 아닌 환경에 사람들을 참여하게 하는 게이미피케이션 전략(King et al., 2013)은 건강관리 연구에서 사람들의 행동을 변화시키고, 건강 결과와 건강 리터러시를 향상시키는 데 효과가 있었다(Ferguson et al., 2016). 재난 상황을 다룬 연구에서도 가상현실은 리터러시 수준이 낮은 사람들에게 재난에 대한 인식을 바꾸고, 재난 대비에 대한 학습에 관심을 갖도록 하는 데 효과적인 기술이라는 것이 확인되었다(Tarek, 2018). 가상현실은 이용자가 상황에 몰입하고 참여할 수 있다는 특징이 있기 때문에, 전통적인 교육방식과 가상현실 시스템을 통합하거나 각 방식의 장점을 활용한다면 재난을 대비하는 데 좋은 훈련 방법이 될 것이다(Hsu et al., 2013).

참고문헌

고은지 · 계승현(2023.5.31). 새벽 깨운 '경계경보'··· 서울시 · 행안부 엇박자에 대혼란. https://www.yna.co.kr/view/AKR20230531050500004?input=1195m

과학기술정보통신부(2020). 2020년 디지털정보격차 실태조사 결과. 관계부처 합동. 디지털 미디어 소통역량 강화 종합계획. https://kcc.go.kr/user

김영기(2016). 감염병 위기 커뮤니케이션 전략 개선방안 연구: 중동호흡기증후군(MERS-CoV) 사례에 대한 "CERC 모델" 적용을 중심으로. 연세대학교 보건대학원 박사학위논문.

양길석 · 서수현 · 옥현진(2020). 디지털 리터러시 역량의 자기진단 평가도구 개발. 『디지털융합복합연구』, 18(7): 1-8.

윤지원 · 제남주 · 박미라(2021). 대학생의 디지털 미디어 리터러시 커리큘럼 개발을 위한 기초 연구. 한국콘텐츠학회, 8(1): 209-210.

최재욱 · 김경희 · 문지원 · 김민수(2015). 공중보건 위기관리 대응과 소통체계 구축: 중동호흡기증후군 사태의 경험과 교훈. *Journal of the Korean Medical Association*, 58(7): 624-634.

Ad Hoc Committee on Health Literacy for the Council on Scientific Affairs, American Medical Association(1999). Health literacy report of the Council on Scientific Affairs. *Journal of the American Medical Association*, 281: 552-557.

Adkins, G. L.(2010). Organizational networks in disaster response: An examination of the US government network's efforts in hurricane Katrina. *The handbook of crisis communication*, 93-114.

Ahn, J., & Kahlor, L. A.(2022). When experts offer conflicting information: A study of perceived ambiguity, information insufficiency, trustworthiness and risk information behaviors. *Health Communication*, 1-11.

Ahn, J., Son, H., & Chung, A. D.(2021). What information is delivered during the 2019 Ridgecrest earthquake? Organizations' topics and public engagement on Twitter. *International Journal of Information Management Data Insights*, 1(2), 100033.

Alam, F., Imran, M., & Ofli, F.(2017). Image4act: Online social media image processing for disaster response. In *Proceedings of the 2017 IEEE/ACM international conference on advances in social networks analysis and mining 2017*, 601-604.

Brown, L. M., Haun, J. N., & Peterson, L.(2014). A proposed disaster literacy model. *Disaster Medicine and Public Health Preparedness*, 8(3): 267-275.

Coombs, W. T.(2012). *Ongoing crisis communication: Planning, managing, and responding*(3rd ed.). Thousand Oaks, CA: Sage.

Crowe, A.(2011). The social media manifesto: A comprehensive review of the impact of social media on emergency management. *Journal of Business Continuity & Emergency Planning*, 5(1): 409-420.

Feng, Z., González, V. A., Spearpoint, M., Thomas, J., Trotter, M., Cabrera-Guerrero, G., & Paes, D.(2022). A sequence analysis of behaviors in immersive virtual reality for indoor earthquake and post-earthquake evacuation. *International Journal of Disaster Risk Reduction*, 75, 102978.

Ferguson, C., Davidson, P. M., Scott, P. J., Jackson, D., & Hickman, L. D.(2015). Augmented reality, virtual reality and gaming: an integral part of nursing. *Contemporary Nurse*, 51(1): 1-4.

Flores-Saviaga, C., & Savage, S.(2020). Fighting disaster misinformation in Latin America: the# 19S Mexican earthquake case study. *Personal and Ubiquitous Computing*, 25: 353-373.

Gilster, P.(1997). *Digital literacy.* New York: John Wiley & Sons.

Hansson, S., Orru, K., Siibak, A., Bäck, A., Krüger, M., Gabel, F., & Morsut, C.(2020). Communication-related vulnerability to disasters: A heuristic framework. *International Journal of Disaster Risk Reduction*, 51, 101931.

Hazarika, B., Rea, A., Mousavi, R., & Chen, K.(2021). The impact of social media on disaster relief effort-recovery coordination for Hurricane Harvey. *Global Knowledge, Memory and Communication*, 70(6/7): 558-576.

Healthy People 2030(2020). *Health literacy in Healthy People 2030.* https://health.gov/healthypeople/priority-areas/health-literacy-healthy-people-2030

Houston, J. B., Pfefferbaum, B., & Rosenholtz, C. E.(2012). Disaster news: Framing and frame changing in coverage of major US natural disasters, 2000-2010. *Journalism & Mass Communication Quarterly*, 89(4): 606-623.

Hsu, E. B., Li, Y., Bayram, J. D., Levinson, D., Yang, S., & Monahan, C.(2013). State of virtual reality based disaster preparedness and response training. *PLoS currents*, 5. doi: 10.1371/currents.dis.1ea2b2e71237d5337fa53982a38b2aff

International Telecommunication Union(2015). *Measuring the information society report.* Geneva: Switzerland. https://www.itu.int/en/ITU-D/Statistics/Pages/publications/mis2015.aspx

Kankanamge, N., Yigitcanlar, T., & Goonetilleke, A.(2021). Public perceptions on artificial intelligence driven disaster management: Evidence from Sydney, Melbourne and Brisbane. *Telematics and Informatics*, 65, 101729.

Keeney, R. L., & Von Winterfeldt, D.(1986). Improving risk communication. *Risk analysis*, 6(4): 417-424.

Keim, M. E., & Noji, E.(2011). Emergent use of social media: a new age of opportunity for disaster resilience. *American Journal of Disaster Medicine*, 6(1): 47-54.

Kim, H. K., Ahn, J., Atkinson, L., & Kahlor, L. A.(2020). Effects of COVID-19 misinformation on information seeking, avoidance, and processing: A multicountry comparative study. *Science Communication*, 42(5): 586-615.

Kimura, R., Hayashi, H., Kobayashi, K., Nishino, T., Urabe, K., & Inoue, S.(2017). Development of a "disaster management literacy hub" for collecting, creating, and transmitting disaster management content to increase disaster management literacy. *Journal of Disaster Research*, 12(1): 42-56.

King, D., Greaves, F., Exeter, C., & Darzi, A.(2013). 'Gamification': Influencing health behaviours with games. *Journal of the Royal Society of Medicine*, 106(3): 76-78.

Lamsal, R., & Kumar, T. V.(2020). Artificial intelligence and early warning systems. *AI and Robotics in Disaster Studies*, 13-32.

Lazard, A. J., Scheinfeld, E., Bernhardt, J. M., Wilcox, G. B., & Suran, M.(2015). Detecting themes of public concern: a text mining analysis of the Centers for Disease Control and Prevention's Ebola live Twitter chat. *American Journal of Infection Control*, 43(10): 1109-1111.

Liu, W., Xu, W. W., & Tsai, J. Y. J.(2020). Developing a multi-level organization-public dialogic communication framework to assess social media-mediated disaster communication and engagement outcomes. *Public Relations Review*, 46(4), 101949.

Madianou, M.(2015). Digital inequality and second-order disasters: Social media in the Typhoon Haiyan recovery. *Social Media+ Society*, 1(2), 2056305115603386.

McLaughlin, A. C., & Mayhorn, C. B.(2014). Designing effective risk communications for older adults. *Safety Science*, 61, 59-65.

Muktaf, Z. M., & IP, S.(2017). Disaster literacy in communication perspective. In *International Conference and Call for Paper SILAT APIK PTM*, 1-11.

Owolabi, T. O. S., & Ekechi, C. O.(2014). Communication as critical factor in disaster management and sustainable development in Nigeria. *International Journal of Development and Economic Sustainability*, 2(3): 58-72.

Palttala, P., Boano, C., Lund, R., & Vos, M.(2012). Communication gaps in disaster management: Perceptions by experts from governmental and non-governmental organizations. *Journal of Contingencies and Crisis Management*, 20(1): 2-12.

Priyowidodo, G., & Luik, J. E.(2013). Communicating disaster mitigation literacy to coastal communities in Pacitan Indonesia. *American International Journal of Research in Humanities, Arts and Social Sciences*, 5(2): 245-248.

Pulido, C. M., Villarejo-Carballido, B., Redondo-Sama, G., & Gomez, A.(2020). COVID-19 infodemic: More retweets for science-based information on corona virus than for false information. *International Sociology*, 35(4): 377-392.

Reynolds, B., Galdo, J., & Sokler, L.(2002). *Crisis and emergency risk communication*. Atlanta, GA: Centers for Disease Control and Prevention.

Reynolds, B., & Seeger, M. W.(2005). Crisis and emergency risk communication as an integrative model. *Journal of Health Communication*, 10(1): 43-55.

Seeger, M. W. & Reynolds, B.(2007). Crisis Communication and the Public Health: Integrated Approaches and New Imperatives. In M. W. Seeger, T. L. Sellnow, & R. R. Ulmer(eds.), *Crisis Communication and the Public Health*, 3-20. Hampton, Cresskill.

Stute, M., Maass, M., Schons, T., Kaufhold, M. A., Reuter, C., & Hollick, M.(2020). Empirical insights for designing information and communication technology for international disaster response. *International Journal of Disaster Risk Reduction*, 47, 101598.

Sun, W., Bocchini, P., & Davison, B.(2020). Applications of artificial intelligence for disaster management. *Natural Hazards*, 103: 2631-2689.

Tandoc, E. C., Ling, R., Westlund, O., Duffy, A., Goh, D., & Zheng Wei, L.(2017). Audiences' acts of authentication in the age of fake news: A conceptual framework. *New Media & Society*, 20(8): 2745-2763.

Tarek, S. A.(2018). Scope of Virtual Reality (VR) Based Disaster Preparedness Training for the Less Literate and Illiterate People. In *Proceedings of the 11th International Conference on Networkerd Learning*, 227-234.

Thorson, E.(2016). Belief echoes: The persistent effects of corrected misinformation. *Political Communication*, 33(3): 460-480.

Tulane University(2023). *Developing a disaster communication plan: 8 steps*. https://publichealth.tulane.edu/blog/developing-disaster-communication-plan/

United Nations(2009). *UNISDR terminology on disaster risk reduction.* https://www.preventionweb.net/files/7817_UNISDRTerminologyEnglish.pdf?_gl=1*1jj8i20*_ga*NTA1NDc3MTEyLjE2ODQ4MTczNzA.*_ga_D8G5WXP6YM*MTY4NDgxNzM3MC4xLjEuMTY4NDgxODIxOC4wLjAuMA

United Nations Office for Disaster Risk Reduction(2009). *2009 UNISDR terminology on disaster risk reduction.* https://www.undrr.org/publication/2009-unisdr-terminology-disaster-risk-reduction

Valenzuela, S., Halpern, D., Katz, J., & Miranda, J.(2019). The paradox of participation versus misinformation: social media, political engagement, and the spread of misinformation. *Digital Journalism*, 7(6): 802-823.

제 4 장

재난과 윤리: 재난관리자가 가져야 할 직업적 윤리

1 들어가며

우리는 매번 무엇인가를 결정하면서 살아간다. 작게는 점심메뉴를 고르는 것부터, 크게는 장래직업을 결정하는 일까지 개인적인 일부터 직업적 영역으로의 결정도 매일 일어나는 일상의 일로 생각해 볼 수 있다. 하지만, 때로는 윤리적 갈등 상황에서 의사결정을 해야 할 경우도 있는데, 이를 윤리적 딜레마 상황에서의 의사결정이라고 한다. 이러한 윤리적 딜레마는 직업윤리와 결부될 때 의사결정에 있어 큰 난제로 대두되게 된다.

직업적으로 윤리적 딜레마에 대한 연구는 여러 학문 분야에서 일찍부터 시작되어 왔다. 일반적으로 의료윤리나 법조윤리로 통칭되는 특정 직업과 관련된 윤리적 딜레마에 대한 여러 연구들이 있어 왔다. 이러한 직업 분야에서의 직업윤리와 관련한 윤리적 딜레마는 기본적으로 버릴 수 없는 두 개의 의무를 동시에 고려해야 하는 경우, 즉 합법적이고 정당한 두 의무가 충돌하는 경우에 발생하는 것이 대부분이라 할 수 있다. 즉, 가능한 조치가 도덕적 원칙을 위반함을 의미하기 때문에 올바른 결정을 내리는 데 어려움이 있는 경우를 말한다. 구체적으로는 성실의무와 진실의무의 충돌, 성실의무 내부의 충돌, 진실의무 내부의 충돌, 비밀유지의무 내부의 충돌 등을 예로 들 수 있다(김인회, 2020).

직업윤리는 전통적으로 철학에 기반을 둔 공리주의와 의무론에 기반하고 있다. 특히, '사람들이 어떻게 행동해야 하는가?'에 대해 논의하고 알리는 것을 목표로 하는 공리주의와 의무론으로 대표되는 윤리학의 전통적인 접근법으로서, 직업적 윤리 이론도 이러한 의무론에 기초하여 발달했다(추병완, 2023).

재난관리의 영역에서 윤리의 문제는 지금까지는 크게 부각되어 있지 않고 있었다. 이는 재난관리자가 전문적인 직업군(professionalism)으로 자리잡은 것도 영미권에서 조차 1990년대의 일이며, 재난관리자의 직업에 대한 논의조차 대부분 재난관리자가 가져야 할 역량에 집중되면서 재난관리자의 직업적 윤리에 대한 논의는 비교적 최근에 이루어지고 있다. 하지만, 재난 상황이 가진 특수성을 고려할 때, 재난관리자의 윤리적 측면에 대한 조명이 필연적으로 이루어져야 마땅하다.

따라서 이 장에서는 재난관리자가 가져야 할 직업적 윤리와 재난 상황에서의 윤리적 딜레마에 대한 사례, 재난관리자로서 윤리적 딜레마에 직면했을 때 의사결정에 적용할 수 있는 절차를 소개하도록 한다.

2 재난관리자와 재난관리의 업무 특성

재난관리는 지역사회가 가지고 있는 여러 위험(hazard)나 위기(risk)에 대한 취약성(vulnerability)을 줄이고 재난 상황에 대처하기 위한 체계와 틀을 만들고, 이를 실제 재난 발생 시에 적용하여 피해를 줄이는 일련의 활동이라 할 수 있다. 이러한 분야의 전문가라 할 수 있는 재난관리자(emergency manager)는 재난관리 업무를 전담하고 실행하는 직업이라 할 수 있으며, 우리나라에서는 중앙정부와 지방자치단체에서 근무하는 방재안전직렬과 재난관리책임기관에서 재난관리업무를 담당하는 담당자들이라 할 수 있다.

재난관리라는 분야는 국가에서 홍수, 태풍 등 자연재난을 대응하고 복구하면서 제도가 만들어져 왔기 때문에, 재난관리는 전통적으로 공공의 업무 영역이라고 인식되어 왔다. 하지만, 산업화 이후 현대 사회에서 인적재난을 비롯한 다양한 유형의 재난들이 복합적으로 발생하는 양상을 보이기 때문에, 재난관리라는 업무의 영역은 점차 그 범위가 확대되어 왔다. 따라서 재난관리자는 사기업, 산업 분야, 비영리 기관, 중앙 및 지방 정부 등 재난관리의 전 영역인 예방, 대비, 대응, 복구제도를 수행함에 있어 다양한 이해관계자들(Stakeholders)과의 협력이 필수적이다.

다시 말하자면, 재난관리자가 일하는 지역에 사는 지역주민들, 지역의 환경, 협력하면서 같이 일하게 되는 동료, 재난관리자들이 수행하는 모든 업무에 대한 의무와 책임이 내재되어 있다고 할 수 있다. 특히 재난관리자들은 재난관리업무를 수행하기 위해 다양한 전문 지식을 필요로 하며, 지속적으로 위험평가, 과학적, 사회적, 기술적 관련 지식을 습득해야 함과 동시에, 엄격한 윤리를 준수할 필요가 있다.

특히, 재난관리 단계라고 불리는 예방, 대비, 대응, 복구[1]에서

1) 미국에서는 경감 단계(mitigation phase)가 추가된다.

도 각각의 업무를 수행할 때 재난관리자는 여러 윤리적 딜레마에 직면할 수 있으며, 이때 합리적이고 윤리적인 의사결정을 위한 직업윤리와 윤리적 의사결정 도구에 기반한 윤리적 의사결정이 필수적이라 하겠다.

3 전문직업으로서의 재난관리자와 직업윤리

재난관리자가 전문직업군으로 자리잡은 영미권의 경우, 직업윤리의 관점에서 재난관리자의 윤리적 책임을 강조해왔다. 재난관리자들은 업무 특성상 자원봉사자, 국회나 정부 부처, 소방과 경찰, 시민들과의 다양한 접점 가지고 있고, 재난관리 업무가 때에 따라서는 시간을 다투는 응급 상황일 경우가 많기 때문에, 재난관리자가 가져야 할 여러 역량들과 기술들이 강조되고 있다.

미국 재난관리정책 수행을 주요 업무로 하고 있는 연방재난관리청(Federal Emergency Management Agency: FEMA)에서는 재난관리자가 가져야 할 주요 역량을 다음과 같이 정의하였다.

개인적으로 개발해야 할 역량	실무자로서 개발해야 할 역량	관계 구축을 위한 역량
• 재난관리의 제도와 틀, 법령, 원칙 내에서 운용하기 • 비판적 사고력을 보유하기 • 직업윤리를 준수하기 • 지속적으로 학습하기	• 과학지식에 대한 이해력 • 지리적 지식에 대한 이해력, 문해력 • 사회문화적 지식에 대한 이해력 • 기술적 지식을 이해하고 사용할 수 있는 능력 • 시스템에 대해 이해하고 사용할 수 있는 능력	• 재난 리스크관리 • 지역사회에 참여 • 거버넌스와 시민의식 • 리더십

연방재난관리청(FEMA)은 이와 같이 재난관리자가 가져야 할 여러 역량 이외에도, 재난관리자가 가져야 할 윤리행동강령(Code of Ethics)도 발표하였다. 재난관리자로서의 직업윤리는 재난관리자가 가지고 있는 의무와 책임을 수행하는 데 매우 중요하기 때문에, 재난관리자가 가져야 할 역량과 함께 개발되었다. 해당 강령에 따르면, 재난관리자가 재난 현장과 일상의 재난관리 업무 속에서 윤리적으로 사고하고 행동할 필요성이 있음을 강조하고 있다. 이 윤리강령은 재난관리자를 위한 윤리규범과 기준을 통해 재난 상황이라는 불확실한 환경 속에서 재난관리자가 선택할 수 있는 여러 윤리적 틀을 제시한다. 여기서 연방재난관리청에서 제시하고 있는 윤리적 기준을 소개하면 다음과 같다.

- **기준 1**: 재난관리자들은 다양한 필요성이 존재하는 것을 인식하고, 어떠한 차별이나 선호도 없이 서비스를 제공하기 위해 노력한다.
- **기준 2**: 재난관리자들은 위험에 대해 명확하고 효과적이며 적절하게 의사소통하기 위해 자신의 전문 지식을 활용한다.
- **기준 3**: 재난관리자들은 위험 감소 조치를 결정하기 위해 이해관계자들과 협력하여 취약점, 노출, 위협 및 지역사회의 독특한 특성을 이해한다.
- **기준 4**: 비상 관리 전문가들은 생명 안전을 지원하고 재산과 환경에 발생하는 피해를 줄이거나 제거하며 삶의 질을 지원하기 위해 프로그램, 계획, 전략 및 이니셔티브의 개발과 실행을 촉진한다.
- **기준 6**: 재난관리자는 재난관리에 적용되는 법률과 규정을 인식하고 이에 따라 운영한다.
- **기준 7**: 재난관리자는 재난관리의 전문적이고 효과적인 수행에 반하는 프로그램, 정책, 규정, 법률에 대해 교육, 정보 제공 및 변경을 촉진한다.
- **기준 8**: 재난관리자는 본인이 가지고 있는 자격에 대해 정확하게 제시한다.
- **기준 9**: 재난관리자는 과학적 근거에 기반하여 위험과 위협의 결과와 영향을 명확하게 전달하여 근거에 기반한 선택과 행동을 지원하고 안내한다.
- **기준 10**: 재난관리자는 새로운 연구, 실천 기준, 관련 도구 및 기술에 대해 최신 정보를 습득한다.
- **기준 11**: 재난관리자는 공공의 위험에 영향을 미치는 문제에 대해 최신 정보를 유지한다.
- **기준 12**: 재난관리자는 학대, 괴롭힘 또는 적대적인 전문적 관계에 참여하거나 지지하지 않는다.
- **기준 13**: 재난관리자는 효과적인 실천과 자원관리를 지원하는 합리적인 재정 결정을 내린다.

연방재난관리청(FEMA) 이외에도 국제 재난관리자 협회(International Association of Emergency Manager: IAEM)도 재난관리자의 윤리규정과 전문행동 규정을 제정하고 발표하였다. 국제 재난관리자 협회(IAEM)는 재해/비상 상황에 대한 완화, 대비, 대응 및 회복을 통해 생명을 구하고 재산을 보호하는 목표를 위해 설립된 국제적인 조직이며, IAEM은 자격증 프로그램인 "Associate Emergency Manager(AEM)"과 "Certified Emergency Manager(CEM)"을 연방재난관리청 산하 재난관리교육원(Emergency Management Institute)과 협조하여 자격증 취득을 위한 과정을 운영하고 있다. IAEM의 윤리강령을 소개하면 다음과 같다.

IAEM 윤리강령 및 전문직 행동규범 국제 재난관리자 협회(IAEM)는 재난/비상 상황에서의 생명 구조와 재산 보호를 위해 완화, 준비, 대응 및 회복을 촉진하는 것을 목표로 한 국제 기구입니다. IAEM은 재난관리자 자격증인 Certified Emergency Manager® (CEM®) 및 Associate Emergency Manager (AEM) 프로그램을 통해 전문성을 유지하기 위해 후원합니다. 윤리강령과 전문직 행동규범은 CEM®/AEM 자격을 가지고 있는 모든 개인이 받아들여야 합니다. 윤리강령을 준수하는 것은 재난관리자가 법과 규정의 요구를 넘어 신중하고 책임있게 행동할 것을 의미합니다. 윤리강령과 전문직 행동규범은 자격증 프로그램의 철학과 목표를 포괄합니다. 각 CEM®/AEM은 이 윤리강령을 준수할 것을 약속합니다.

서문

국제 재난관리자 관리자 협회(IAEM) 회원들은 가장 높은 윤리적 및 전문적 행동 기준을 따릅니다. 이 IAEM 회원을 위한 윤리강령과 전문직 행동규범은 사회의 양심과 모든 사람들의 복지에 대한 약속을 반영합니다. 회원들은 존중, 헌신 및 전문성이라는 협회의 핵심 가치를 준수합니다.

핵심 가치

- 존중: IAEM 회원들은 상급 관리자, 동료, 협력자, 그리고 무엇보다도 우리가 서비스하는 사람들에 대한 존중해야 합니다. 우리는 우리의 목적과 위치에 적용되는 모든 법과 규정을 준수하며, 모든 이해 관계자에게 책임감 있고 공정하게 적용합니다.
- 헌신: IAEM 회원들은 신뢰를 불러일으키는 결정을 촉진하기 위해 스스로를 헌신합니다. 우리는 우리가 맡은 업무를 공정하게 처리함으로써 지속적인 개선을 약속하며, 정직하고 신뢰할 수 있는 관계를 유지하며, 우리가 말하거나 쓰는 내용에 있어서는 완벽한 정확성과 명확성을 추구합니다. 우리는 자원의 관리와 우리가 제공하는 서비스의 수준을 향상시키며, 우리가 서비스하는 지역사회의 삶의 질을 개선하기 위해 노력합니다.
- 전문성: IAEM은 대중의 재난관리에 대한 신뢰를 확보하기 위해 전문성을 적극적으로 촉진하는 조직입니다. 우리의 평판은 의무를 충실히 이행하는 데에 기초합니다. 우리의 전문성은 교육, 안전 및 생명과 재산의 보호에 기반합니다.

4 재난 상황과 윤리적 딜레마

재난을 이해하는 여러 관점 중의 하나가 재난의 불확실성이라고 할 수 있다. 태풍이라는 동일한 재난이 발생하더라도 재난피해나 재난전개 양상은 늘 다를 수밖에 없으므로, 재난 상황은 항상 불확실성을 내포하고 있다. 따라서 재난이 가지고 있는 불확실하고 예측하기 어려운 속성과 더불어 그 안에서 개개인이 처한 상황이 모두 다르고, 재난관리자나 대응기관에 요구하는 바가 다양해질 수밖에 없기 때문에, 재난 상황은 필연적으로 잠재적인 윤리적 갈등이 발생하게 된다. 예를 들면, 재난이 발생하고 난 후 누구보다도 현장에 항상 우선적으로 출동하여 대응활동을 수행하는 초기 대응자(first responders)인 소방대원이나 해양경찰들은 자신의 직업적 역할을 성실하게 수행하고, 공공의 이익을 위해 봉사할 책임이 있다. 많은 직업들은 해당 직업에 해당되는 특정한 의무와 책임을 가지고 있으며, 초기 대응자들의 의무 중 하나는 재난 대응 활동에 참여하는 것이다. 소방관이 수행해야 하는 업무 목록에는 소방 및 비상 차량 운전, 적절한 위치 차지 및 사람들을 건물의 상층에서 구조하기 위한 사다리를 타는 것, 화재를 진압하고 위험에 처한 사람들을 구조하는 것 등이 포함된다. 하지만, 이와 동시에 자신들의 가족을 보호하고 불합리한 위험으로부터 스스로를 보호해야 할 권리도 가지고 있다. 따라서 직업적으로 수행해야 할 역할과 자신의 보호해야 할 권리 사이에서 어떠한 선택을 해야 할 것인가에 대한 갈등 상황에 늘 처해 있다고 할 수 있다.

이렇듯 재난이 발생하면 재난관리자나 초기 대응자들은 윤리적 딜레마에 직면할 수 있는 여러 가지 상황에 처할 수밖에 없는데, 여기서 말하는 윤리적 딜레마란 두 가지 옳음 또는 두 가지 잘못 사이에서 선택을 해야 하는 어려운 상황을 지칭한다. 즉, 다른 윤리적 시각(예: 대중의 이익 대 개인의 권리)이 서로 다른 결정으로 이어지거나, 서로 다른 가치관(예: 경제발전 대 환경보호)에 기반한 가치관들이 서로 대립함으로써 발생할 수 있다.

사스(SARS)나 COVID-19 팬데믹과 같은 전염병의 경우 이러한 윤리적 딜레마에 대한 문제를 아주 잘 보여준다. 사스의 경우, 많은 나라에서 윤리적 선택에 직면하게 되는 상황들이 자주 발생하였다. 예를 들면, 보고된 사례 중 약 30%가 의료진이나 간호진들이 더 이상 의료 서비스를 제공하지 않겠다고 하였는데, 그 이유는 의료보건 관련 종사자들이 본인이 바이러스에 감염을 염려할 뿐만 아니라 자기 자신으로 인해 가족에게도 감염의 위험을 증가시키기 때문에 그러한 선택을 했다고 보고되었다. 또한 COVID-19 팬데믹 초기 데이터는 의료 종사자가 일반인구에 비해 높은 감염률을 보여주고 있으며, 이탈리아에서는 감염 사례의 9%로 보고되었다(Etkin, 2022). 의료보건 종사자들은 자신의 직업에 대한 의무를 가지고 있고, 이와 관련된 위험도 일정 수준 수용했다고 볼 수 있는데, 의료보건 종사자라는 이유로 매우 높은 위험 상황에서 얼마만큼의 위험을 본인이 수용해야 할 것인가에 대한 윤리적 딜레마를 야기한다고 할 수 있다.

재난이 발생하면, 물자와 인력이 부족하게 되는 상황이 필연적으로 발생하며, 이에 따라 여러가지 윤리적 딜레마에 직면하는 상황들이 생기게 된다. 2005년 8월, 미국에서 허리케인 카트리나가 뉴올리언스를 내습하였을 때, 뉴올리언스시에 위치한 메모리얼 종합병원에서 닥터 애나 포우에 의해 저질러진 집단 안락사 사건은 아직도 윤리적으로 논란이 되는 사건이다.

메모리얼 병원 집단 안락사 사건

2005년 8월 허리케인 카트리나가 뉴올리언스를 내습하였을 때, 강둑이 무너지고 도시 대부분이 물에 잠긴 가운데 정전과 단수가 되고, 미국 남부의 찌는 듯한 무더위 속에 구호물자가 언제 도착할지 알지 못하는 상황에서 메모리얼 병원의 의료진이 병원에 입원한 312명의 환자를 대상으로 생존 가능성이 희박한 환자들을 집단 안락사시킨 사건을 말한다. 태풍 카트리나가 휩쓸고 지나가며 큰 피해를 입은 뉴올리언스에서 구조 지원 작업이 진행되던 중, 메모리얼 병원에서 45구의 시신이 발견되는 사건이 벌어지고, 병원 의료진들이 긴급 회의를 통해 34명의 중환자를 안락사시킨 것이었다.

셰리 핑크(Sheri Fink)가 저술한 『재난, 그 이후』란 책에는 당시 5일 간의 상황이 적나라하게 묘사되어 있다. 주사를 놓은 의사 애너 포우와 간호사 2명을 검찰은 기소했지만, 그들을 옹호하는 미국의사협회 등이 반대해 처벌은 이루어지지 않았다. 재난 상황이라는 특수성을 감안해 기각된 것이다(매일경제, 2015).

이러한 윤리적 딜레마는 해결하기 매우 어렵고 논란이 많을 수 있으며, 일반적으로 하나의 정답이 있을 수도 있고 없을 수도 있다. 따라서 이러한 윤리적 딜레마를 다룰 때는 투명하고 포용적이며 효과적인 의사결정 과정을 사용하는 절차적 정당성이 중요하며, 윤리적 추론을 기반으로 하여 공정한 결과에 도달하도록 노력하는 것이 중요하다.

따라서 연방재난관리청(FEMA)은 윤리적 딜레마에 직면했을 때 사용할 수 있는 윤리적 의사결정 과정을 개발하였으며, 재난관리자들이 이를 적극적으로 사용할 것을 권하고 있다. 여기서는 FEAM에서 제시하고 있는 윤리적 의사결정 과정에 대해 다음에서 소개한다.

5 윤리적 규범에 의한 의사결정

윤리적 의사결정 모델은 일반적인 의사결정 모델에 기초하여 발전되어 왔다. 의사결정의 일반적 단계는 목표수립, 정보수집, 대안모색 및 평가, 대안선택, 결과의 반성 및 평가로 이루어지는데, 윤리적 의사결정 모델은 목표수립 대신 문제인식이라는 단계로 표현되며, 각 단계별로 수행해야 할 임무는 다음과 같다(신성규 · 정현경, 2022).

의사결정 단계	수행 임무
문제인식	의사결정자가 처한 상황 혹은 판단하고 결정해야 할 문제가 명료하게 드러나도록 다듬음으로써 해결해야 할 목표를 수립한다.
정보수집	의사결정자가 문제의 원인을 정확히 이해함으로써 합당한 대안을 모색하고, 각 대안의 가치를 판단하는 데 필요한 정보를 수집·선별한다.
대안모색 및 평가	선택 가능한 대안을 마련하고, 대안을 평가하기 위한 가치 기준을 개발하며, 이 기준에 따라 대안을 평가한다.
대안선택	실제 수행할 대안을 결정하고 실행한다.
결과 반성 및 평가	대안 실행의 결과를 돌아보고 개선점을 모색한다.

윤리적 의사결정은 그 결정과 실행의 윤리적 측면을 고려하는 의사결정이라고 할 수 있으며, 윤리적 측면은 '문제인식' 단계와 '대안모색 및 평가' 단계에서 고려된다. 특히, 문제를 드러내는 과정에서 직면하고 있는 문제가 윤리적 접근이 필요한 문제인지를 판단하는 것이 중요하다. 만약 윤리적 접근이 필요한 문제라고 판단이 되면, 이후의 대안을 평가할 가치 기준에 윤리적 기준이 반드시 포함되어야 한다.

이러한 관점에서 미국 연방재난관리청(FEMA)은 재난관리자가 윤리적 딜레마 상황에 처했을 때 적용할 수 있는 윤리적 규범에 의한 의사결정 절차를 예시하고 있다. 해당 절차는 순차적으로 적용해 보거나 관련되는 항목을 개별적으로도 적용해 볼 수 있다. 앞서 예시한 윤리적 의사결정의 단계에 비추어 보면, 내용 파악과 의사결정자의 성향부분이 추가되었음을 알 수 있다. 앞서 기술한 바와 같이, 현재 직면한 상황을 윤리적 문제로 인식하는 단계를 강조하고 있는데, 이는 현재 재난관리자가 직면한 문제가 윤리적 판단을 요구하는지의 여부를 판가름함이 중요하기 때문임을 알 수 있다. 이러한 윤리적 규범에 의한 의사결정 절차는 윤리적 딜레마 상황에서 윤리적이고 도덕적인 규범에 기반하여 결정을 내릴 수 있도록 도와주는 도구가 될 수 있다.

윤리적 딜레마 상황에서 적용할 수 있는 의사결정 절차	
내용 파악	▪ 사건의 사실과 배경을 파악한다. ▪ 관련된 사람들의 기대치를 파악한다. ▪ 의사결정자와 이해관계자들에게 가해지는 사회적·정치적 압력을 인식한다.
의사결정자의 성향	▪ 의사결정자는 어떠한 편견과 가치를 가지고 있는가? ▪ 의사결정자는 윤리 및 관련 규정에 대해 얼마나 인식하고 있는가? ▪ 의사결정자는 어떤 관련 경험을 가지고 있는가? ▪ 의사결정자의 성격은 어떠한가?
현재 상황을 윤리적 문제로 인식하기	▪ 현재 상황이 어느 정도 윤리적 우려를 일으키는가? ▪ 해당 상황이 어느 정도 개인적이고 문화적 가치에 반하는 우려를 일으키는가? ▪ 적용해 볼 수 있는 세 가지 직관적인 테스트 • 베개 테스트: 당신 내린 결정으로 인해 마음 편히 잠들 수 있겠는가? • 어린이 테스트: 당신은 자녀에게 어떻게 행동하라고 말할 것인가? • 언론 테스트: 당신은 당신의 결정이 대중에게 드러나도 괜찮은가?
문제 정의	▪ 관련된 권리, 의무, 책임, 문화적 규범/가치를 식별하기 ▪ 의사결정자와 이해관계자들에게 가해지는 압력을 식별하기 ▪ 상황을 명확히 하고 가능한 조치를 취하기 위해 필요한 다른 관련 정보를 알아보기
대응 방법 정의	▪ 다양한 조치 가능성을 도출하기 • 각각의 조치에 따른 결과를 파악 • 다양한 조치와 관련된 권리, 의무, 규범 및 가치를 검토 • 각 가능성이 가진 정당성에 대해 검토

	■ 정당성(justification)을 평가하기 • 접근 방식이 포괄적이고 논리적으로 사용되고 있는가? • 주장이 일관성이 있는가? • 모든 윤리적 우려가 식별되었나? • 도덕적인 자기인식이 있는가?
대안선택 및 실시	■ 윤리적 주장에 가장 잘 근거한 조치를 선택하거나 여러 조치들의 조합을 고려해보기 ■ 선택한 윤리적 행동을 방해할 수 있는 요인을 식별해보기 ■ 장애 요소를 극복하는 방법 고려 ■ 가능한 경우 해당 장애물을 제거하고 윤리적인 행동을 실행

한편 미국 마쿨라연구소[2]에서는 윤리적 의사결정 모델을 예시하면서 여섯 가지 윤리렌즈를 통해 대안을 평가하는 기준을 제시한 바 있다. 이 여섯 윤리렌즈(Six ethcial Lenses)는 바로 권리, 정의, 공리주의, 공동선, 덕, 배려윤리 렌즈로서 각각을 설명하면 다음과 같다.

구분	내용
여섯 윤리 렌즈 (Six Ethical Lenses) (마쿨라 모델)	• 권리(right) 렌즈: 이해관계가 있는 모든 사람들의 권리를 가장 잘 존중하는 대안은 어느 것인가? • 정의(justice) 렌즈: 사람들을 공평하게 대하고, 그들이 마땅히 받아야 할 것을 주는 대안은 어느 것인가? • 공리주의(utilitarian) 렌즈: 가능한 한 많은 이해관계자에게 이익이 되면서 해는 덜한 대안은 어느 것인가? • 공동선(common good) 렌즈: 일부 구성원만이 아니라 공동체 전체에 기여하는 대안은 어느 것인가? • 덕(virtue) 렌즈: 내가 되고자 하는 사람으로서 행동할 수 있도록 이끄는 대안은 어느 것인가? • 배려윤리(care ethics) 렌즈: 모든 이해당사자의 관계성, 우려 및 감정을 가장 적절히 고려하는 대안은 어느 것인가?

2) Markkula Center for Applied Ethics.

연방재난관리청(FEMA)에서도 마쿨라 모델과 유사하게 재난관리 분야에서 윤리적 의사결정 시 대안선택을 위한 윤리렌즈를 제공하고 있는데, 재난관리 각 단계가 연속적으로 맞물려 진행되는 가운데, 각 단계에서 맞닥트릴 수 있는 여러 윤리적 딜레마 상황에서 윤리적 실천을 위한 여러 가지 고려 사항을 제공하는 것을 목적으로 한다(FEMA, 2023). 8개의 윤리적 렌즈에 대한 설명을 예시하였으며, 이를 통해 각 단계별 재난관리업무를 수행하는 데 있어 고려해야 할 윤리적 요소들을 잘 보여주고 있다.

그림 4-1 재난관리에서의 윤리적 렌즈

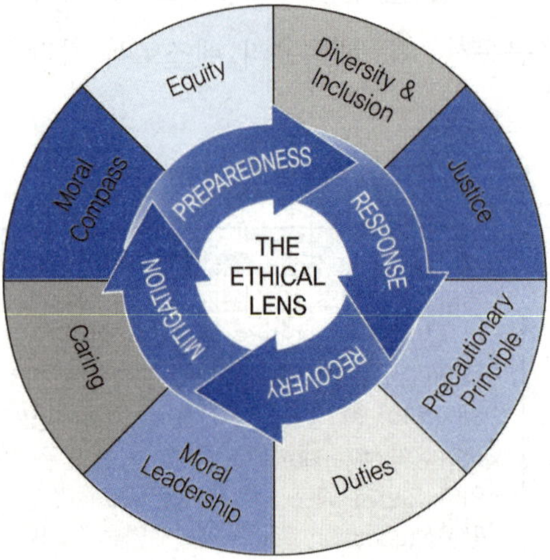

출처: FEMA(2023).

구분	내용
다양성과 포용성	우리는 여성, 아이들, 노인, 소수인종 등 다양한 그룹을 존중하고 있는가?
정당성	우리는 리스크와 이익을 공평하게 분산시키고 있는가?
사전예방적 원칙	우리는 장기적인 잠재적 결과를 고려하고 있는가?
직업적 의무	우리는 우리의 의무를 충족하고 있는가?
도덕적 리더십	우리는 도덕적 행동을 실천하며, 좋은 도덕적 롤 모델이 되는가?
배려	우리는 공감과 연민을 가지고 사람들의 도와주고 있는가?
도덕적 나침반	우리는 우리가 내린 결정이 도덕적으로 마음이 편한가?
형평성	우리는 사람들을 그들의 요구와 한계에 맞게 대하고 있는가?

6 재난관리자로서 윤리적 행동을 위한 기본 원칙

지금까지 재난관리자 개인과 관련된 윤리적 딜레마와 같은 문제에 대해 살펴보았다. 이러한 윤리적 딜레마 상황에서 재난관리자는 윤리적 의사결정을 통해 합리적인 결정을 내리기 위해 노력해야 함이 필요하다는 것을 기술하였다. 여기서는 재난관리자가 윤리적 행동을 위해 어떠한 기본 원칙들이 필요한가에 대해 살펴본다.

첫째, 재난관리자는 윤리적으로 사고하고 도덕적으로 행동할 필요가 있다. 옳은 일을 하는 것이 명확한 경우도 있지만 종종 윤리적 주장들이 상충할 때 해결하기 어려울 수 있다. 또한 재난관리자는 도덕적으로 행동해야 하며, 이를 위해서는 도덕적 용기, 무결성, 정직, 존중, 친절, 전문성, 능력, 공평성, 객관성이라는 원칙을 가지고 행동하는 것이 필요하다. 앞서 기술한 윤리적 의사결정은 복잡한 상황의 윤리를 분석할 수 있는 지식과 기술, 그리고 최선의 방법으로 행동할 도덕적 성품이 함께할 때 가장 강력한 의사결정의 방법이 될 수 있다.

둘째, 재난관리자는 언제나 법을 준수해야 한다. 시민과 정부 간에는 양쪽 모두의 의무와 책임이 있는 사회 계약이 존재한다. 재난관리자도 시민의 한 사람으로서 법을 준수해야 하는 의무가 있다. 그러나 법과 도덕적인 것 사이에는 중요한 차이가 있음을 인지해야 한다. 즉, 법은 지침을 제시하는 것이며, 도덕적인 기준의 최소한 기준을 대표하는 것이라 할 수 있다. 대부분의 경우 법에 따르는 것만으로 충분하지만, 도덕적 필요를 충족시키기에는 법을 따르는 것만으로는 부족할 때도 있다는 것을 인식해야 한다. 예를 들어, 재난관리자가 재난 피해자를 친절하게 대하는 것은 법적으로 요구되지 않지만 도덕적으로 옳은 일이라 할 수 있다.

셋째, 재난에 가장 취약한 사람들을 고려하여 사회와 재난 취약자들에게 최대한의 수혜를 제공할 수 있도록 배려할 필요가 있다. 윤리의 기본 원칙 중 하나는 가장 많은 사람들에게 최대한의 수혜를 제공하는 것이지만, 이때 재난이나 해당 상황에서 가장 취약한 사람들이 불이익을 받지 않도록 고려하는 것이 필요하다. 이 원칙은 매우 중요하며, 개인이나 기관, 조직은 공공의 선이라는 관점에서 업무를 추진해야 할 필요가 있음을 인지해야 한다.

한편, 지금까지는 개인으로서의 재난관리자의 직업적 윤리와 딜레마를 다루었다면, 조직 관점에서의 윤리적 함의도 존재한다. 조직(organization)은 극한 상황에서 소속된 직원을 지원해야 하는 의무가 있으며, 만약 이러한 역할을 충분히 수행하지 못했다면 직원들은 극한 상황에서 조직을 믿지 못하고, 결국 자신의 역할과 의무를 다하지 못하게 될 것이다. 트레이너 외(Trainor et al.)는 다음과 같은 특성을 가진 재난관리조직(Emergency management organization)이 재난 상황이나 극한 상황에서 조직 내 구성원들이 자신의 역할 포기 문제를 최소화할 가능성이 더 크다고 하였다(Trainor et al., 2006).

- **명확한 목적과 가치를 심어주는 조직과 직업**
  - 단결된 문화와 집단에 대한 의무감을 가진 조직
  - 위험을 무릅쓰는 이유를 직원들에게 정직하게 전달하는 조직
  - 직원과 그들의 가족에게 의미 있는 지원과 보호를 제공하는 조직

이는 재난관리자가 직면하게 되는 여러 윤리적 문제들이 개인적인 의사결정의 차원에서 더 나아가 재난관리자가 몸담고 있는 조직 또한 재난관리자가 재난 상황에서 자신의 직업을 포기하지 않고, 직업적 윤리에 입각하여 업무를 수행하기 위해서는 조직의 역할 또한 중요하다는 점을 보여준다.

7 결언

지금까지 재난관리자 개인과 관련된 윤리적 딜레마와 같은 문제에 대해 논의했다. 재난관리자의 직업적 윤리는 프로페셔널리즘에 비추어볼 때 어쩌면 당연한 문제라고도 할 수 있지만, 재난관리자는 재난 상황이라는 특수한 상황에 처해 있을 경우가 많기 때문에, 그리고 재난관리라는 영역이 공공의 영역에 속해 있기 때문에 윤리적 딜레마 상황에 더 많이 처해질 수 있다. 이러한 관점에서 최근 들어 다양한 대형 재난이 발생하는 상황 하에서 재난관리자의 윤리적 측면이 부각되는 것은 어쩌면 극히 당연한 수순이라 할 수 있다. 향후 재난관리자의 윤리적 딜레마 상황에 대한 좀 더 심도 깊은 연구가 이루어지길 기대하며 이 장을 마무리하고자 한다.

참고문헌

김병곤・양원직(2022). 육군 재난관리자 역량 강화 방안. 『한국군사학 논집』, 78(2): 153-180.

김인회(2020). 법조윤리 딜레마 상황의 윤리적 함의와 해결 원칙. 『외법논집』, 44(3): 471-503.

김재원(2003). 변호사 업무의 윤리적 딜레마. 『법과사회』, 25: 257-276.

매일경제(2015.7.10). 카트리나 덮친 병원 … 재앙이 된 '혼돈의 5일' https://www.mk.co.kr/news/culture/6841530

신성규・정현경(2022). 비영리단체를 위한 윤리적 의사 결정 모델 만들기. 『이슈페이퍼』, 아름다운재단.

추병완(2023). 행동 윤리학 렌즈로 본 시민교육. 『倫理研究』, 1(141): 1-24.

허주현・김수연(2015). 김영란법 제정을 통해 본 언론관계의 PR 윤리 및 준법성에 대한 PR 실무자 인식 연구: 실제적인 윤리적 갈등 상황과 향후 변화 전망을 중심으로. 『홍보학 연구』, 19(4): 175-213.

Etkin, D.(2022). *The Ethical Emergency Manager: Issues, Morality and Dilemmas*(3rd ed.).

FEMA(2023). *Code of Ethics and Professional Standards of Conduct for Emergency Management Professionals*.

Trainor, J., Barsky, L., & Torres, M.(2006). Disaster realities in the aftermath of Hurricane Katrina: Revisiting the looting myth. *Quick Response Report*, 184. Natural Hazards Center, University of Delaware.

제 5 장

재난과 아동안전교육

1 아동안전의 중요성과 법적 근거

1) 아동안전의 중요성

우리나라에서 아동이 사망하는 가장 큰 원인은 무엇일까? 소아암과 같은 질병으로 인한 사망사고가 가장 많을 것인가? 우리는 흔하게 질병으로 인한 사망이 가장 많을 것이라고 예측하지만, 실제로는 성인이 조금 더 신경쓰고 주의하면 예방할 수 있었던 각종 사고가 아동기 사망의 가장 큰 원인 중 하나이다(교육과학기술부, 2012). 안전은 영유아의 삶의 질을 구성하는 가장 중요한 측면 중의 하나로 성인이 앞장서 지켜주어야 할 부분이다. 그 이유는 아동기는 신체적으로 급격한 발달이 이루어지고 성장하는 시기이지만 신체, 정서, 인지적인 발달이 완전하게 성숙하지 못하기에 안전사고로 이어지기 쉬운 시기이기 때문이다. 또한 상황에 대한 판단과 이해력이 부족하고 부주의한 특성이 있으며, 자신의 신체를 완전하게 조절하는 데 어려움이 있는 시기이기 때문에, 주변의 다양한 사물 및 환경 속에서 위험에 노출되어 있다.

UN아동권리협약(1989)에서는 사고나 범죄, 그리고 재난으로부터 안전한 삶을 지속하는 것이 아동이 가진 다양한 삶의 권리임을 명시하고 있다. 그럼에도 불구하고 아동은 연령별 발달 특성으로 재난과 안전사고에 가장 취약한 계층이며, 이러한 사고에 빈번하게 노출된다. 특히, 상해의 정도가 심한 안전사고는 아동 개인의 삶에 치명적인 영향을 미치게 되는데, 이는 한순간의 안전사고가 아이들의 삶에 미치는 영향력이 매우 지대하다는 것을 의미한다. 또한 아동의 안전사고의 발생은 개인의 안위 여부를 넘어 지역사회, 그리고 국가 차원으로 그 부정적 영향이 확대해 나갈 수 있다.

이에 따라 아이들의 안전은 영유아교육기관, 초등학교 급의 기관에서 무엇보다 가장 주의를 기울이는 부분이자 가장 중요한 영역이다. 이에 아동교육기관에서는 이 시기부터 아동이 안전하게 생활하고 스스로를 보호할 수 있는 지식, 기술, 태도 등을 기를 수 있도록 하고 있다. 모든 발달 단계상에서 안전이라는 것이 중요하고 비슷한 차원의 교육이 이루어지지만 아동기의 안전교육은 예방과 대처가 가장 핵심적인 부분이다. 또한 헨드릭스와 라이헤르트(Hendricks & Reichart, 1996)는 안전에 대한 교육은 개인이 사고의 위험성이 높은 행동에 노출되기 전에 이루어지는 것이 가장 효과적이라고 언급한다. 정규 교육 측면에서 안전교육의 중요성은 다름과 같은 이유로 강조되고 있다. 첫째, 아동은 재해 발생 시 사회에서 가장 취약한 계층 중 하나라는 것이다. 둘째, 아동은 국가의 미래와 관련된다는 것이다. 셋째, 교육기관은 지역사회의 중심적인 역할을 하기 때문에, 교육의 효과는 단순하게 아동을 떠나서 부모와 지역사회로 확대될 수 있다. 이와 맥을 같이하여 국가수준의 교육과정인 2019 개정누리과정, 2022 개정 교육과정에서도 유아기와 아동기에 적합한 안전교육을 실시하는 것의 중요성을 지속적으로 강조하고 있다.

2) 아동기 안전교육의 법 · 제도적 근거

아동기 안전교육의 중요성이 나날이 강조됨에 따라 교육부(2015)는 학교안전사고예방 및 보상에 관한 법률 제8조 및 시행규칙 제2조, 학교안전교육 실시 기준에 대한 고시에 따라 유아에서 고등학생까지 발달 단계에 따라 체계적 안전교육이 가능하도록 학교안전교육 7대 표준안을 마련하였다(권덕수 외, 2022).

표 5-1 학교급별 학생안전교육의 시간 및 횟수

구분		생활안전 교육	교통안전 교육	폭력 예방 및 신변 보호 교육	약물 및 사이버 중독 예방 교육	재난안전 교육	직업안전 교육	응급처치 교육
교육 시간	유치원	13	10	8	10	6	2	2
	초등학교	12	11	8	10	6	2	2
	중학교	10	10	10	10	6	3	2
	고등학교	10	10	10	10	6	3	2
횟수		학기당 2회 이상	학기당 3회 이상	학기당 2회 이상	학기당 2회 이상	학기당 2회 이상	학기당 1회 이상	학기당 1회 이상

「학교안전교육 7대 표준안」은 유치원부터 초등학교, 중학교, 고등학교의 교과와 창의적 체험활동에서 활용하도록 교육되고 있다. 또한 각 시도교육청 · 교육부 · 학교안전공제중앙회에서는 2023년 학교안전교육을 7개 영역(생활안전, 교통안전, 폭력예방 및 신변보

호, 약물 및 사이버 중독 예방, 재난안전, 직업안전, 응급처치)으로 구분하고, 각 영역에 따른 교육활동 자료를 개발하여 안전교육이 체계적으로 이루어지도록 하였다(시도교육청 · 교육부 · 학교안전중앙회, 2023). 이러한 노력 등을 통해 일상생활에서 예상치 못하게 발생하는 새로운 위험 요인에 대비하고, 아동들의 생활 속 위험과 안전사고를 대비하는 역량을 함양하는 데 방점을 두고 있다.

2 재난안전교육

1) 재난안전교육의 개념과 필요성

현대 사회의 급속한 변화와 환경의 오염 등으로 인하여 21세기 자연양상은 급격하게 변화하였고, 그 결과 폭염, 미세먼지, 홍수, 지진 등 다양한 자연재난이 발생하고 있다. 자연재난이 인간의 능력을 넘어선 부분이라면 인간의 이기와 부주의, 안전 불감증으로 인한 사회재난 또한 급증하고 있다. 재난은 순식간에 발생하지만, 그 피해의 정도는 생각할 수 없을 만큼 매우 크다. 또한 이러한 사회재난 또한 이전과 달리 대형화, 복합화, 비정형화, 초국경화하는 특징을 가지며 지속적으로 나타나고 있다(박은미, 2012). 이전에는 재난 상황에 대한 예방과 대처가 한계가 있다는 것이 일반적인 견해였다. 하지만, 과학기술의 발달과 경험의 축적 등으로 인해 대처 능력이 향상되어 자연재난을 피하기는 어렵지만 피해 규모는 감소시킬 수 있으며, 사회재난의 원인도 사람들의 안전 불감증 등이 주요한 원인으로 인식됨에 따라 사전 예방교육과 안전대책 수립 등으로 재난의 규모와 발생을 감소시킬 수 있다는 측면으로 관점이 변화하였다(김미선, 2023).

교육이 재난을 줄이고 지속가능한 개발을 달성하기 위한 시도에서 인간의 안전을 달성하는 데 중추적인 역할을 한다는 것은 널리 인정받고 있다. 재난안전과 관련된 이전의 경험들은 재난위험관리교육의 긍정적인 효과를 널리 보여주었다. 재난안전교육은 재난사고의 대상이 자기 자신이 될 수 있기 때문에, 재난으로 인한 피해를 최소화할 수 있어야 한다. 재난의 현상과 그러한 상황에 대처하는 적합한 방법에 대해 배운 아동들은 신속하고 절절하게 대응할 수 있으며, 이를 통해 비상시에 다른 사람들에게 적합하게 요청하고 스스로를 보호할 수 있다. 아동이 재난 상황에서 적합하게 대처하기 위한 행동요령 혹은 재난 상황에 적합한 태도나 지식들을 형성하는 것은 단시간에 이루어지는 것이 아니기 때문에, 어린 영유아 시기부터 체계적인 재난안전교육이 필요하다. 그렇기에 재난으로부터 영유아가 자신을 보호하기 위해 재난 대비에 대한 안전지식과 태도, 기능을 익히기 위한 재난안전교육을 실시할 필요가 있다(임부연 외, 2020).

재난안전교육은 스스로 재난안전의 중요성과 교육의 필요성을 인식하고 교육을 통해 재난에 대응할 수 있는 사람을 양성하는 교육을 의미하는 것으로 화재, 풍수해 등의 재해로부터 자신을 안전하게 지키게 하기 위한 준비교육이다(이주호 외, 2018). 또한 각종 재해 혹은 재난에 대한 사전 예방 방법을 숙지하고 교육하여 그 피해를 최소화하고 안전한 생활을 영위할 수 있도록 하는 교육으로 정의되고 있다(김성제, 2019). 종합해보면 재난안전교육은 자연재난 및 사회재난이 발생할 수 있는 상황을 미리 예측해 보고, 재난 상황에서 수행해야 할 제반 사항을 사전에 계획·준비하여 재난 대응 능력을 제고시켜나가는 것을 의미한다(국민안전처, 2015). 재난안전교육에서 제도적 취약성을 가지고 있는 아동들에게 재난안전교육이 적합하게 이루어지지 못할 경우 아동이 재난 상황에서 적합한 대응을 할 수 없기에 재난안전교육이 무엇보다 필요하다.

이러한 관점에서 재난안전교육이 필요한 이유를 하혜란(2017)은 다음과 같이 제시하고 있다. 첫째, 재난안전교육은 다양하게 발생할 수 있는 위험을 제거하거나, 약화시킴으로써 재난이나 안전사고에 사전 대비할 수 있도록 한다. 둘째, 재난안전교육은 재난 및 안전에 관한 지식을 습득하여 재난 현장에서 각자가 처한 위험을 최소화할 수 있도록 도와준다. 셋째, 재난안전교육으로 습득된 지식과 행동요령은 스스로의 안전 도모는 물론, 안전 의식을 전파하여 안전문화 정착에 기여한다.

재난에 대한 지식과 교육의 힘을 보여주는 고전적 사례 중 하나는 10살의 영국 여학생이던 틸리 스미스 이야기이다. 틸리 스미스(Tilly Smith)는 2004년 인도양 해일이 해안을 뒤덮을 때 관광객들에게 안전한 곳으로 대피하라고 경고하였는데, 그녀가 태국에 방문하기 불과 몇 주 전 학교에서 해일과 관련된 현상을 알게 된 후 해일이 일어나는 징후를 인지하였다. 영국이 해일 다발국도 아니였지만 틸리 스미스는 학교에서 교육받은 지식을 기반으로 많은 사람의 목숨을 구할 수 있었다. 또 다른 사례는 같은 인도양 해일에서 대지진이 일어난 진원지에서 불과 100km 떨어진 수마트라 해안에 위치한 시멜루에섬에서 전체 8만여 명이 넘는 인구 중에서 7명만이 사망하였다. 이 지역에서는 이전 1907년에 해일을 경험하였으며, 그 이후로 해일에 대한 지식은 노래와 동시와 같은 삶에서의 문화적인 관습을 통해 세대로 전해졌고, '땅이 흔들리는 것을 느끼면 즉시 해변에서 벗어나라'는 단순한 지식이 많은 이들의 생명을 구하게 되었다. 이러한 것들은 공식 혹은 비공식적인 교육이 개인의 안전에 대한 인식을 높이는 데 얼마나 중요한지에 대하여 보여주는 사례이다.

2) 재난 발생 시 아동의 취약성

아동은 앞서 제시한 바와 같이 전 생애적으로 가장 진일보한 발달이 이루어지는 시기임과 동시에 여러 가지 취약성을 동시에 지니고 있는 존재이다. 그렇기 때문에 재난 상황에서 아동이 가지고 있는 취약성을 살펴보는 것은 재난안전교육과 재난 시 아동을 위한 도움에 주요한 시사점을 제공해 준다. 성미영(2020)은 재난 발생 시 아동이 보일 수 있는 여러 가지 취약성에 대하여 제시하고 있다.

첫째, 신체적 취약성이다. 아동은 신체가 성숙하지 못하고 작은 체구를 가진 것이 주요한 특징이다. 이러한 이유로 인해 작은 압력이나 재난 시 물체에 외상이 가해졌을 때 더욱 큰 압력을 받아 더 큰 피해를 입을 수 있다. 이에 만 14세 이하의 아동을 신체적 재난 약자로 분류하고 있으며, 이러한 신체적 취약성으로 인하여 재난 시 자신의 신체적 안전을 지켜야 하며 주변 성인이 보호해 줄 필요가 있다.

둘째, 생리적 취약성이다. 아동은 생리적 반응이 성인과 달라 응급처치 시 오진의 가능성이 높다. 또한 같은 질병이라고 하더라도 더 큰 피해를 받을 수 있는데 COVID-19 팬데믹 상황에서 노년층과 함께 코로나19의 가장 큰 영향력을 받은 집단 중 하나가 아동, 특히 어린 연령의 아동이다. 특히, 전염병에 취약한 특성상 질병 예방을 위한 손씻기, 마스크 착용하기 등 아동의 발달 수준에 적합한 사전 예방교육도 요구된다.

셋째, 발달적 취약성이다. 현재 발달 중에 있기 때문에 자신의 신체적 조절이나 인지적 판단 능력, 상황에 대한 정확한 이해나 설명에 어려움이 존재한다. 이는 위험 상황에서 위험 요소들에 관련된 다양한 정보들을 인식하거나 상황에 맞추어 적합하게 이야기하는 것에 있어 어려움을 경험할 수 있다. 그렇기에 더욱 발달적인 취약성을 보일 수 있는 아동은 재난의 다양한 유형과 관련된 지식을 알고, 대피 방법 등을 몸으로 체화할 수 있도록 돕는 것이 중요하다.

넷째, 사회적 취약성이다. 아동 중 유아기의 어린 아동은 부모의 보살핌이 필수적으로 요구되며, 부모가 돌볼 수 없는 상황일 경우 취약성이 발현될 수 있다. 이에 재난 상황에서 자신의 욕구를 적합하게 이야기하기 어려우며, 성인이 함께하지 못하는 순간의 재난 발생 시 그 취약성이 비약적으로 증가할 수 있다.

다섯째, 인지적 취약성이다. 유아나 아동은 인지가 발달해 나가는 과정이다. 자기 중심적인 사고의 영향으로 인해 자신이 다른 사람이 보일 경우 다른 사람도 자신을 볼 수 있을 것이라 생각하여 위험한 상황에 노출될 가능성이 높다. 또한 위험한 상황에서 위험을 관찰할 수 있는 능력과 상황을 판단하여 적합한 행동으로 수행하는 과정에서의 어려움을 경험한다. 또한 지시를 적합하게 수행하기에 어려움을 겪을 수 있기에 성인들은 재난 상황에서 아동이 위험한 상황에 빠지지 않도록 주의를 기울여야 하며, 구체적이고 정확한 지시와 아동의 이해도를 살필 필요가 있다.

여섯째, 심리적 취약성이다. 아동은 재난 상황에서 성인들보다 더욱 큰 심리적 트라우마를 경험할 수 있다. 재난 상황은 성인들도 견뎌내기 어려울 정도의 혼란과 심리적 외상을 경험하게 된다. 세월호나 이태원 사고 후 많은 성인들도 심리적인 외상을 호소하며 정서적 어려움을 경험하였다. 아동은 여전히 성인에 대한 의존성이 높은 시기이기 때문에, 예기치 못한 사고로 인해 발생하는 정신적인 충격이 성인과 비교해서 더욱 클 수 있다. 그렇기에 재난안전교육은 부정적인 측면만 강조하기보다는 일상생활에서 이로운 일들이 사고가 발생하였을 경우에 위험이 될 수 있음을 알 수 있도록 세심하게 교육할 필요가 있다.

이와 같이 아동은 재난 상황에서 재난 약자의 위치에 있으며 여러 가지 취약성을 보일 수 있기 때문에, 일상생활에서 재난안전교육을 통해서 재난 상황에 대해 알고 적합하게 대처할 수 있도록 교육하는 것이 중요하다. 또한 재난 상황 발생 시 그 어떤 계층보다 최우선적으로 보호해야 하는 대상이다. 실제 우리나라는 UN아동권리협약의 대상국으로 협약에 따르고 있는데, 협약의 내용에서

"재난이 닥칠 경우 아동이 최우선적으로 구조되어야 한다"고 명시하고 있다.

3) 아동기 재난안전교육의 내용[1)]

이전까지의 아동기 재난안전교육이 주로 교사용 지도서의 형태로 이루어져왔기 때문에 교육의 실효성에 대한 의구심이 제기되어 왔다. 안전교육은 이론 위주나 일방적인 전달만으로는 위험한 상횡에서 즉각적으로 대처할 수 있는 능력이 체화되기 쉽지 않기 때문에 실제 위기 상황이 발생하였을 때 관련 지식, 기술, 태도가 자연스럽게 나타나기 어렵다. 이에 최근 세월호부터 시작하여 코로나19의 상황, 그리고 이태원 사고를 거쳐오면서 보다 실효성이 높은 안전교육을 제공하고자 하는 노력이 이루어지고 있다. 이에 시도교육청 · 교육부 · 학교안전중앙공제회(2023)는 학교안전교육 7대 표준안을 기준으로 실제로 생활 속 위험과 안전사고에 대비하는 역량을 함양하기 위한 아동의 활동 중심으로 표준안을 개편하여 제공하고 있다. 또한 각 아동의 발달 단계별 특성과 일상생활과 연계되는 차원에서 교육 내용이 다루어지고 있다 이러한 자료는 유치원부터 초등학교(1~2, 3~4, 5~6), 중학교, 고등학교의 교과와 창의적 체험활동에서 활용될 수 있도록 구성하였는데, 이 장에서는 아동의 주요한 연령인 유치원과 초등학교 시기의 내용을 한정해서 다루고자 한다. 실제 재난과 관련된 교육내용은 〈표 5-2〉와

---

1) 이 장의 내용은 시도교육청 · 교육부 · 학교안전공제중앙회(2023)의 「학교안전교육 7대 표준안」의 내용을 중심으로 작성되었다.

표 5-2 재난안전교육의 교육내용

중분류	소분류	유치원	초등 1~2학년	초등 3~4학년	초등 5~6학년
화재	화재 발생	불의 이로움과 위험함 알아보기	화재의 의미 알아보기	화재 발생의 원인에 대하여 알아보기	다양한 화재의 발생 원인 알아보기
		화재의 발생 원인과 예방법 알아보기	화재 예방 수칙을 알고 실천하기	화재 발생 시 신고 방법을 알아보기	상황별 화재 예방법 알아보기
				화재 발생 시 대피 방법을 알아보기	화재 유형에 따른 진화 방법 알아보기
	화재 발생 시 안전 수칙	화재 발생 시 안전한 대피 방법 알아보기	화재 발생 시 대피 요령 알아보기	공동주택 피난설비 알아보기	화재 발생 시 일반적인 대처 방법 알아보기
		완강기에 대해 알아보기	여러 가지 피난설비 알아보기	공동주택 피난설비 사용법 익히기	화재 발생 시 장소별 대처 방법 알아보기
		119 신고 방법 알아보기	화재 발생 시 신고 방법 알아보기	교내 소방시설 조사하기	한피난설비 종류와 완강기 사용법 알아보기
	소화기 사용 및 대처 방법	소화기의 중요성을 알고 위치 찾아보기	소화기의 중요성을 알고 사용 방법 익히기	소화기의 종류에 대해서 알아보기	소화의 원리와 소화기의 종류에 대해 알아보기
		소화기 사용 방법 알아보기		소화기의 사용 방법 실습해보기	소화기 사용 방법에 따라 소화기 사용 실습하기
				소화전에 대해서 알아 보기	학교의 다양한 소방시설을 알고 찾아보기
사회 재난	폭발 및 붕괴의 원인과	가스의 쓰임과 주의점 알아보기	폭발 및 붕괴 발생 시 대처 요령 알아보기	폭발사고의 예방과 대처 방법 알아보기	폭발의 원인과 종류, 폭발 시 대처 방법 알아보기

	대처 방법	폭발사고 원인과 위험성 알아보기		붕괴사고의 대처 방법 알아보기	붕괴의 원인과 징후, 붕괴 시 대처 방법 알아보기
		가스누출과 폭발사고의 대처 방법 알아보기			
	각종 테러 사고 발생 시 대처 요령	테러 예방법과 테러 경보에 대해 알아보기	생화학 사고와 방사능 사고의 대처 요령 체득하기	테러 발생 시 행동요령 알아보기	테러의 개념과 유형별 대처 방법 알아보기
		폭발물 테러사고 시 대처 요령 알아보기	방사능 사고의 대처 요령 체득하기	테러 유형별 행동요령 알아보기	테러 상황 전파 단계와 테러 위험 예방 방법 알아보기
		방사능 테러사고 시 대처 요령 알아보기			
	감염병 등	감염병에 대해 알아 보기	감염병의 예방과 대응 방안 실천하기	감염병 예방법 알아보기	감염병의 특성과 발생 요인, 생성 단계 알아보기
		감염병 예방수칙 알아보기	우주물체 추락사고 대처 방안 알아보기	우주낙하물의 추락·충돌의 위험성 알아보기	주요 감염병 종류와 예방 방법 알아보기
		인공우주물체 추락사고 알아보기			자연·인공우주물체 추락 및 충돌의 위험성과 대처 방법 알아보기
자연재난	홍수 및 태풍 발생 시 대처 요령	자연재난 개념 알아보기	홍수와 태풍의 개념 알아보기	홍수 대처 방법 알아보기	홍수, 태풍의 개념과 피해 사례 알아보기
		홍수 발생 시 대처 방법 알아보기	홍수 발생 시 대처 방법 알아보기	태풍 대처 방법 알아보기	홍수 대비 방법과 대처 방법에 대해 알아보기

	태풍 발생 시 대처 방법 알아보기	태풍 발생 시 대처 방법 알아보기	집중호우로 인한 계곡 고립 시 대처 방법 알아보기	태풍 발생 시 대처 방법에 대해 알아보기
지진 발생 시 대처 요령	유치원에서의 지진 대피 방법 알아보기	지진의 개념 알아보기	지진 대비하기	지진에 대해 알아보기
	가정에서의 지진 대피 방법 알아보기	지진 발생 시 대처 요령 알아보기	지진 발생 시 행동요령 알아보기	지진으로 인한 피해와 피해 사례 조사하기
	지진해일 대피 방법 알아보기		지진 행동요령 홍보하기	지진 발생 시 상황별, 장소별 행동요령 알아보기
대설·한파·폭염·낙뢰 발생 시 대처 요령	대설 발생 시 대처 요령 알아보기	대설, 한파의 개념과 대처 방법 알아보기	대설, 한파에 대해서 알아보기	대설, 한파의 개념과 피해, 대처 방법 알아보기
	한파 발생 시 대처 요령 알아보기	폭염의 개념과 대처 방법 알아보기	폭염의 위험성 알아보기	폭염의 개념과 피해, 대처 방법 알아보기
	폭염 발생 시 대처 요령 알아보기	낙뢰의 개념과 대처 방법 알아보기	낙뢰가 칠 때 대처 방법 알아보기	낙뢰의 개념과 피해, 대처 방법 알아보기
	낙뢰 발생 시 대처 요령 알아보기			
황사 및 미세먼지 발생 시 대처 요령	황사 및 미세먼지 위험 단계 이해하기	황사와 미세먼지의 개념 이해하기	황사의 원인을 알고 대처 방법 알아보기	황사 및 미세먼지에 대해 알아보기
	황사 및 미세먼지 대처 방법 알아보기	미세먼지, 황사 발생 시 대처 방법 알아보기	미세먼지란 무엇인지 알아보기	황사 및 미세먼지 발생 현황과 피해 알아보기

		마스크의 중요성과 바른 착용법 알아보기		미세먼지 대처 방법 알아보기	황사 및 미세먼지 발생 시 대처 방법 알아보기

출처: 시도교육청 · 교육부 · 학교안전중앙회(2023)에서 인용.

같다.

〈표 5-2〉에서 제시하고 있는 바와 같이 아동기 재난안전교육과 관련된 주요한 내용은 화재, 사회재난, 자연재난의 큰 범주 내에서 아동이 재난 관련 위험 요인을 알고 예방하며 적합하게 대처할 수 있도록 하기 위한 내용이 주를 이루고 있다.

4) 아동 재난안전교육의 방법

재난안전교육의 내용은 그 내용이 방대하고 다양하기 때문에 각급별 교사 혹은 성인들은 아동의 연령을 고려하여 아동에게 의미 있는 경험이 될 수 있도록 각 상황에 맞는 융통성 있는 교수 방법을 적용하여 교육해야 한다. 이를 위해 각 국가에서는 재난안전교육을 위해 다양한 교수 방법을 활용하여 운영이 되고 있다. 교육기관 혹은 가정에서 활용하고 있는 재난안전교육의 방법은 다음과 같다.

(1) 가정과의 정보교환

가정과 정보를 교환하는 것을 통해 안전교육을 실시하는 경우는 주로 팬데믹과 같이 질병과 건강에 관련된 상황에서 주로 이루어진다. 실제 국내에서 COVID-19 상황에서 전염병에 관한 재난을 예방하기 위한 차원으로 가정과의 정보교환이 활발하게 이루어졌다. 또한 미국에서도 질병예방클리닉을 포함하여 가족을 포함한 건강 프로그램을 제공하여 가정의 건강을 도모하는 형태로 이루어지고 있다.

(2) 토의

토의 방법은 특정 주제에 대한 의견을 교환하여 관련 정보를 얻고 문제를 해결해 나가는 방식으로 우리나라뿐만 아니라 전 세계적으로 유아나 아동의 안전교육에서 많이 활용되는 전통적 방법 중의 하나이다. 토의 방법은 재난의 위험 상황에 대하여 토의하며 안전 규칙을 가르칠 수도 있으며, 예를 들어 소방관과 불에 대해 이야기하기와 같이 전문가와 함께 안전 예방책에 대한 토의를 참여할 수 있다. 이러한 토의의 방법으로 교사들 혹은 성인들은 화재가 발생하였을 때 아동들과 만나는 장소 혹은 대피하는 장소에 대한 생각을 적극적으로 표현할 수 있도록 격려하고, 의견을 수합하여 결정을 한 후 실제 스스로 실천을 할 수 있도록 지도할 수 있다.

(3) 모델링

모델링은 아동들이 모델의 행동을 관찰하여 안전한 방법과 태도를 익힐 수 있도록 하는 방법으로 일상생활 내에서 아동들에게 중요하고 의미있는 성인이 모범을 보이는 행동을 보이는 것도 중요한 모델링이라고 할 수 있다. 예를 들어, 화재 경보가 울렸을 때 교사가 적합하게 대피하는 행동을 보여주는 것도 중요한 안전교육의 방법이 될 수 있다. 그럼에도 불구하고 우리 주변에는 안전불감증의 모습을 보이거나 안전과 관련해 정확한 매뉴얼을 지키지 않는 경우들이 존재하는데, 이런 모습을 보일 경우 아동은 잘못된 행동 또한 학습할 수 있음을 성인들은 꼭 인식할 필요가 있다.

(4) 실제 상황처럼 연습하기

실제 상황처럼 연습하기는 실제와 가장 유사한 상황에서 직접 경험을 하는 것을 통해 현실과 근접한 모의 상황에서 연습을 실시하는 방법으로 이러한 방법 역시 전 세계적으로 가장 많이 시행하고 있는 방법 중 하나이다. 특히, 자연재난이나 화재와 같은 상황에서는 그 상황과 관련하여 어떻게 반응해야 하는지에 대하여 아동이 몸에 반복적으로 익혀 바로 실천할 수 있도록 실제 상황처럼 연습하고 있다.

(5) 역할놀이

역할놀이는 아동이 역할을 수행하며 구체적인 문제 상황을 경험하고, 이를 생활에서 실천할 수 있도록 하기 위한 방법이다. 다양한 재난 관련 교육자료를 활용하여 재난과 관련된 상황을 알아보고, 상황극을 실시하는 것을 통해 이에 대처하는 방법을 익히는 것이다. 재난 혹은 응급 상황이 발생하였을 때 119나 112에 신고를 하는 연습을 하는 등 실제적인 역할 훈련에 도움이 된다.

(6) 전문가 연계

아동의 재난안전교육에서 효과적으로 활용할 수 있는 부분 중 하나가 전문가와의 연계이다. 또한 현재의 교육과정은 보다 활동 중심적인 측면이 강조됨에 따라 전문가 혹은 지역사회와 유기적인 연계의 중요성이 더욱 부각되고 있다. 전문가 연계는 해당 분야의 전문가를 초청하여 전문적인 지식을 듣고 궁금한 점을 질문할 수 있는 것이다. 특히, 현장에서 주로 많이 초청이 되는 전문가들은 지역사회의 안전유지의 최일선에서 역할을 다하고 있는 소방과 혹은 경찰관 등의 전문가가 초청된다. 아동은 전문가와의 대화를 통하여 해당 분야에 대한 이해와 지식을 확장하고 실천할 기회를 얻는다.

(7) 도서

안전과 연계된 혹은 관련있는 책을 읽고 해당 분야에 대한 이해와 지식을 넓히기 위하여 도서도 다양하게 활용되고 있다. 실제 아동들과 재난과 관련된 다양한 도서를 읽어보고 대처 방법에 대하여 토의를 나눌 수 있다. 근래 들어 아동문학의 종류가 다양해지고 환상동화뿐 아니라 사실 동화 그 중에서도 현대 사회의 필요한 요소들을 반영하는 좋은 정보 그림책들이 많이 발달되기 시작하면서 도서와 연계한 효과적인 재난안전교육이 이루어질 수 있다.

(8) 견학

안전과 관련된 기관을 직접 방문하는 견학은 재난안전체험에 있어 또 다른 효과적인 방법 중 하나이다. 특히, 근래 들어 전국

단위로 특색있는 지역 안전체험관이 조성되어 있기 때문에, 지역과 관련된 재난에 대하여 효과적으로 대처하기 위한 방법을 체험할 수 있다.

(9) 언어적 반응

아동의 안전에 대한 이해와 실천을 높이기 위해서는 성인의 격려와 칭찬과 같은 언어적 반응을 제공하는 것이 중요하다. 특히, 현재의 교육과정은 학습자 중심 교육과정으로 아동의 동기를 촉진하고 놀이와 경험을 중심으로 교육과정을 운영하고 있다. 그렇기에 아동이 일상생활에서 안전한 행동을 하였을 때, 혹은 안전과 관련된 행동을 하였을 때 구체적이고 공감적인 반응을 통해 아동이 안전한 습관을 형성하고 스스로 해나갈 수 있도록 도와야 한다.

(10) 다양한 활동

재난안전에 관한 구체적인 정보를 제공하고 아동이 쉽게 이해하고 따라하기 위해서는 노래 등과 연계하는 활동을 통해 아동의 이해를 돕고 실제 행동지침을 수행할 수 있도록 할 수 있다. 아동은 즐거운 경험과 반복을 통해 많은 것들을 숙달해 나갈 수 있는데, 아이들이 즐거워 하는 동요와 율동을 연계하여 재난안전의 내용들을 전달하면 아동은 보다 쉽게 숙지할 수 있다. 다른 한편으로는 재난안전과 관련된 게임들을 제작하여 실시해 보는 것도 아이들의 재난안전체험에 도움이 될 수 있다. 이러한 활동들의 공통점은 아동이 일상생활 내에서 즐겁게 경험하며 재난안전에 대한 체험을 할 수 있다는 것이다.

5) 아동 입장에서의 재난안전을 위한 예방 및 대처 요령

(1) 화재

아동의 관점에서 화재사고 관련된 교육으로는 불이란 잘 사용할 경우 우리의 삶을 윤택하게 해주지만 잘못 사용될 경우 씻을 수 없는 재난을 가져 올 수 있음을 인식하는 것부터 시작하여 화재 발생 상황에 대한 다양한 원인을 이해할 수 있도록 교육함과 동시에 화재 시 대피 방법 혹은 대처 방법에 대한 교육이 지속적으로 이루어질 필요가 있다. 다음의 내용은 아동 측면에서 알아야 할 화재 예방 방법 및 화재 시 행동요령으로 교육기관뿐 아니라 부모 혹은 지역사회에서 아동이 이러한 방법들을 숙지할 수 있도록 연계가 이루어져야 한다.

■ **아동 측면에서의 화재 예방 방법**

- 가스렌지의 점화 장치를 만지거나 장난하지 않는다.
- 성냥, 라이터, 촛불, 화약, 폭죽 등을 만지거나 가지고 장난하지 않는다.
- 전선을 잡아당기거나 전선을 꼬면서 장난치지 않는다.
- 콘센트에 젓가락과 같은 쇠로 된 물체를 넣지 않는다.
- 전기기구에 물이 닿지 않도록 주의하며 젖은 손으로 만지지 않는다.
- 전열기구 근처에서는 장난치거나 함부로 만지지 않는다.

■ **아동 측면에서의 화재 시 행동요령**

- 성인의 지시에 따라 침착하게 안전 지대로 대피하고 숨으면 안 된다.
- 불이 난 교실문은 함부로 열지 않는다.
- 연기를 마시지 않게 손수건, 옷 등으로 코와 입을 막는다.
- 불이 났을 때 바닥으로 몸을 낮춘다.
- 화재 시 미리 약속한 장소로 모일 수 있도록 한다.
- 비상대피로를 알고 안전하게 대피할 수 있도록 한다.
- 소화기 사용이 어려운 노약자 또는 아동이 사용할 수 있는 투척용 소화기를 알고, 불 근처의 벽이나 바닥에 던지도록 한다.
- 옷에 불이 붙었을 때는 첫째, 불이 더 크게 번지지 않게 그 자리에 멈춰서고, 둘째, 바닥에 엎드려 두 손으로 눈과 입을 가리고, 셋째, 불이 꺼질 때까지 계속 뒹굴 수 있도록 하는 교육을 실시한다.

(2) 지진 및 해일

우리나라에서 발생한 지진의 연도별 발생 추이를 보면, 과거 10년 전과 비교하여 발생 횟수가 현자하게 증가하는 추세이다. 이에 지진에 대비한 안전교육의 필요성이 더욱 시급해졌다. 또한 최근에 해저 지진 혹은 태풍과 같이 심한 바람에 의해 발생하는 해일등도 나타나고 있는데, 만이나 항구가 많은 우리나라의 특성상 지역에 따라 해당하는 교육이 이루어질 필요가 있다.

▪ **아동 측면에서의 지진 발생 시 행동요령**

- 바닥이 흔들려서 물건이 떨어질 수 있기 때문에 책상이나 탁자 등의 밑으로 들어가서 지진이 멈출 때까지 기다린다.
- 머리가 다치지 않도록 방석 등으로 머리를 보호하거나 무릎 사이에 머리를 집어 넣는다.
- 1차 지진이 끝나고 여진이 일어나기 전에 신속히 건물 밖으로 대피한다.
- 지진이 발생하였을 때는 절대 엘리베이터를 이용하지 않는다.
- 담이나 울타리 등이 무너질 수 있기에 가까이 있거나 기대지 않고 공터로 이동한다.

▪ **아동 측면에서의 해일 발생 시 행동요령**

- 수영 등의 활동을 즉각 멈추고 바닷가 근처에서 벗어난다.
- 해수욕장에 놀기 전에 대피소의 위치를 미리 확인한다.
- 심한 진동을 느낄 때 높은 곳으로 대피한다.

(3) 미세먼지

미세먼지는 환경 법령에서 흔히 PM10이라고 부르는 지름 10μm 이하인 먼지를 지칭한다. 사람의 폐포까지 깊숙하게 침투해 각종 호흡기 질환의 직접적인 원인이 되며, 특히 연소작용에 의해 발생하기 때문에 황산염, 질산염, 암모니아 등의 이온성분과 금속화합물, 탄소화합물 등 유해물질로 구성되어 있다. 코 점막을 통해 걸러지지 않고 흡입 시 폐포까지 직접 침투하여 천식이나 폐질환 유병률, 조기사망률 등을 증가시킨다.

■ **미세먼지 발생 상황에서 성인의 역할**

- 미세먼지에 대한 정보를 미리 습득하여 아동에게 알려 대비할 수 있도록 한다.
- 미세먼지로 인해 감염될 수 있는 감염병에 대한 예방접종을 실시한다.
- 가정통신문 등을 이용해 가정과 교육기관이 연계한다.
- 미세먼지에 대비하는 훈련을 실시한다.
- 외출 시 마스크나 모자 등을 필수적으로 착용한다.
- 외출 후 자주 손발 씻기 등 몸 청결을 유지한다.
- 아동의 실외 활동을 삼간다.
- 물을 많이 마시도록 한다.
- 휴업조치 시 맞벌이 부부 자녀 등으로 부득이하게 등교하는 아동의 건강을 세심하게 보살핀다.

(4) 호우 및 태풍

현재는 기상기술의 발달로 인해 호우 및 태풍에 대한 예측이 비교적 원활하게 이루어지고 있지만, 여전히 관련 피해가 발생하고 있다. 일반적으로 강한 호우나 태풍이 예상되는 경우 아동 관련 기관에서는 미리 휴원 혹은 휴교를 통해 혹시 모를 안전사고에 대처하고 있다.

■ **호우나 태풍 시 성인의 역할**

- 대피장소와 비상연락 방법을 미리 숙지해 놓는다.
- 건물의 출입문이나 창문을 미리 닫아 둔다.
- 밀려온 물에 가까이 가지 않는다.
- 흐르는 물에 들어가지 않는다.
- 천둥 및 번개가 칠 경우 건물 안이나 낮은 곳으로 대피한다.
- 통학버스를 운행하지 않거나 만약 운행 중인 경우 감속 운행한다.
- 바람에 날아갈 물건이 있다면 미리 제거한다.
- 아동이 집 혹은 유아교육기관 밖으로 나가지 않도록 관리한다.

(5) 폭염

폭염은 심한 더위를 뜻하는 한자어로 현재는 지구 온난화로 인한 폭염이 자주 발생하고 있다. 폭염은 자발적 대응 혹은 피해 상황의 확인이 어려우며, 피해 또한 광범위하고 동시다발적으로 발생하여 응급 의료체계의 신속한 가동이 어렵다. 특히, 신체적으로 허약한 아동은 폭염 상황에서 더 빠른 피해를 경험할 수 있다.

■ **폭염 시 성인의 역할**

- 예보 등을 통해 미리 기상 상황을 체크한다.
- 정전에 대비하여 비상 식음료 등을 마련한다.
- 아동의 열사병 등의 현상을 체크하고, 집에서 가까운 병

원의 연락처를 점검한다.

- 창문, 커튼 등을 이용하여 직사광선의 영향을 줄인다.
- 냉방기기 사용 시 실내외 온도를 5℃ 내외로 유지한다.
- 한낮에는 활동을 줄이고 땀이 많이 나는 운동은 삼간다.

참고문헌

교육과학기술부(2012). 『유아 재난대비 · 생활안전교육 프로그램』. 서울: (사)한국시각장애인연합회.

교육부(2015). 『7대 안전교육 표준안』. 교육부.

권덕수 · 김애란 · 김지영 · 우민정 · 한진원(2022). 『아동안전관리』(제3판). 파주: 정민사.

김미선(2023). 유아교사의 재난안전교육 교수역량 척도 개발 및 타당화: ADDIE 모형을 중심으로. 안양대학교 일반대학원 박사학위논문.

김성제(2019). 초등학교 저학년 참여식 재난안전교육 프로그램 효과에 관한 질적 사례연구. 서울시립대학교 대학원 박사학위논문.

박은미(2012). 영상매체를 활용한 재난안전교육이 유아의 안전문제해결사고 및 조망수용능력에 미치는 영향. 전남대학교 교육대학원 석사학위논문.

성미영(2020). 『한국형 유아 재난안전관리 정책모델』. 서울: 학지사.

시도교육청 · 교육부 · 학교안전중앙공제회(2023). 『학교 안전교육 7대 표준안』. 서울: 경성문화사.

이주호 · 양기근 · 김경진(2018). 어린이 재난안전 교육실태와 발전방안: 초등학생 재난안전교육실태 조사를 중심으로. 『국정관리연구』, 13(2): 63-95.

임부연 · 박향원 · 최남정 · 오정희 · 오경희 · 류미향 · 김성숙(2020). 『영유아 안전교육』. 고양: 공동체.

최혜윤(2016). 국가수준 교육과정의 안전교육 내용 및 교수방법 비교연구: 한국, 미국, 캐나다, 뉴질랜드 3~5세 유아교육과정을 중심으로. 『미래유아교육학회지』, 23(4): 1-31.

하혜란(2017). 성인의 재난안전 지식 · 태도 · 가치관 변화에 대한 재난

안전교육의 효과: 성인 수강자들을 대상으로. 부산대학교 교육대학원 석사학위논문.

Hendricks, C. M., & Reichert, A.(1996). Parents self-reported behaviors related to health and safety of very young children. *Journal of School Health*, 66(7): 247-251.

제 6 장

재난과 ODA

1 서론

그 어느 때보다 빈번히, 그리고 더욱 큰 영향력으로 사람들의 삶의 다양한 측면에 영향을 미치는 재난(disaster)[1]은 국제사회의 지속가능발전(sustainable development)을 가장 저해하는 요인으로 지목받고 있다. 대규모 재난이 더욱 빈번히, 광범히 발생함에 따라 재난이 발생한 직후의 인도주의적 대응을 의미하는 긴급구호를 넘어서 재난위험 경감(Disaster Risk Reduction: DRR), 즉 재난으로 인한 인명 손실, 부상, 파괴 및 피해의 가능성을 사전에 예방하고 피해를 최소화하기 위한 국제사회의 협력이 그 어느 때보다 강조되고 있다. 재난위험의 근본적인 원인으로 지목되는 것은 기후변화, 생태계 악화, 천연자원 이용의 지속불가능성 등 환경적 요인뿐만 아니라 사회적 요인, 즉 빈곤이나 불평등, 급속한 도시화, 부실한 토지관리, 위험에 대한 인지가 결여된 제도와 정책, 재난위험경감 투자에 대한 규제 또는 인센티브의 부족, 재난위험을 위한 기술의 개발이나 이용이 제한되는 상황 등으로 매우 다양하다고 할 수 있다(UNISDR, 2015).

특히, 최근 세계적으로 대유행한 코로나19(COVID-19)와 같은

1) 재난이란 재난의 영향을 받는 지역사회나 사회가 자체적인 자원을 사용하여 재난에 대처할 수 있는 능력을 초과하는 인적, 물적, 경제적 또는 환경적 손실 및 영향을 수반하는 지역사회 또는 사회 기능의 심각한 중단을 의미한다(UNISDR Terminology and Disaster Risk Reduction, 2009).

감염병은 사회적 재난에 속한다. 다양한 재난위험 요인 중, 특히 2000년대 이후 발생한 자연재해의 주요 원인으로 지목되는 것은 바로 기후변화이다. 유엔 재난위험경감사무소(United Nations Office for Disaster Risk Reduction: UNDRR)에 따르면 지난 2000년에서 2019년 사이 20년 간 발생한 자연재해는 7,348건이다. 이는 2000년대 이전인 1980년에서 1999년 사이에 발생한 자연재해보다 1.7배 늘어난 수치이다.2)

UNDRR은 이러한 추세가 계속 된다면 2030년까지 중대형 재해가 2015년 대비 40% 증가할 것으로 예상하고 있다(UNDRR, 2022). 문제는 각종 재난 발생으로 인한 피해가 매우 불균등하게 영향을 미친다는 것이다. 특히, 재난은 개발도상국과 여성, 아동, 노인 등의 취약계층에게 더욱 큰 피해를 주는 것으로 알려져 있다. 경제적으로 취약한 지역이나 개발도상국은 재난으로 인한 피해의 규모도 크고 피해를 복구하는 데 더 많은 재원과 시간이 소요된다. 이에 국제사회는 재난을 예방하고, 재난으로 인한 피해를 복구하고, 재난의 위험을 줄이기 위해 협력하고 있다. 이 장은 재난을 효과적으로 관리하기 위한 국제사회의 공동의 노력과 현황을 알아보는 것을 주요 목적으로 한다.

이하에서는 재난관리를 위한 글로벌거버넌스, 그 중에서도 유엔 지속가능발전목표와 센다이 프레임워크에 대해 알아보고, 개발도상국의 재난관리를 돕기 위한 국제사회의 원조 현황에 대해 알아본다. 마지막으로, 한국 재난관리 ODA의 과제에 대해 논의한다.

2) 한겨레, “기후변화 20년, 자연재해 1.7배 늘었다.” https://www.hani.co.kr/arti/science/science_general/965542.html(검색일: 2023년 6월 10일)

2 재난관리를 위한 글로벌거버넌스

2015년은 국제사회가 앞으로 나아가야 할 방향성을 제시하는 이정표가 되는 중요한 해였다. 2015년 3월 일본 센다이에서는 제3차 세계재난위험경감총회(3rd UN World Conference on Disaster Risk Reduction: WCDRR)가 개최되었고, 효과적인 재난위험 감소를 위해 '센다이 프레임워크(Sendai Framework for Disaster Risk Reduction, 2016~2030)'를 채택하였다. 또한 2015년 9월 미국 뉴욕에서 열린 제70차 유엔총회에서는 인류의 보편적 발전을 위한 변혁(transformation)을 기치로 17개 목표와 169개 세부목표로 구성된 '지속가능발전목표(Sustainable Development Goals: SDGs)'에 합의하였다.

같은 해 12월 프랑스 파리에서 열린 제21차 유엔기후변화협약 당사국총회(United Nations Framework Convention on Climate Change Conference of Parties: UNFCCC COP)에서는 선진국뿐만 아니라 개발도상국까지 포함하는 모든 국가들의 온실가스 감축 의무를 부여하는 파리협정(Paris Agreement)을 채택, 신기후체제의 서막을 알리게 되었다.[3)]

주목할 만한 점은 온실가스 감축에 관한 논의와 별개로 지난 2022년 이집트에서 개최된 제27차 당사국총회에서 기후변화로 인한 재난에 가장 취약한 국가들에 대한 '손실과 피해(loss and dam-

3) 파리협정의 전신인 교토의정서(Kyoto Protocol, 1997)에서는 온실가스 배출 감축의 의무를 선진국에만 부여하였다.

age)'[4]에 대한 보상 기금을 마련하기로 합의하였다는 것이다. 이하에서는 재난위험경감을 위한 국제사회 차원의 구체적 합의의 내용과 이행 현황에 대해 살펴본다.

1) 센다이 프레임워크와 재난위험경감

전 세계적으로 재난 발생이 급증하면서 재해위험경감 대책 마련을 위한 국제사회 차원의 논의가 필요하다는 공감대가 형성되어 UN은 지난 1994년부터 재난위험경감을 위한 국제사회의 행동 방향을 설정하기 위한 '세계재난위험경감회의(World Conference on Disaster Risk Reduction: WCDRR)'를 10년 주기로 개최해왔다.

1994년 제1차 WCDRR 요코하마 회의, 2005년 WCDRR 제2차 효고 회의를 거쳐 2015년에는 센다이에서 제3차 WCDRR이 개최되었고, 그 결과 '센다이 프레임워크(Sendai Framework for Disaster Risk Reduction)'가 채택되었다. 센다이 프레임워크는 전신인 '효고 프레임워크(Hyogo Framework for Action, 2005~2015)'를 개편한 것으로 재난위험에 대한 정보공유, 이해관계자 간 거버넌스와 조정의 강화, 다양한 분야별 복원력과 기술 연구에 대한 투자, 개발도상국의 재난 대응 역량 강화를 위한 국제협력과 모니터링의 중요성을 강조하고 있다(UNISDR, 2015).

센다이 프레임워크가 이전에 채택되었던 효고 프레임워크와 가장 차별화되는 지점은 '지속가능발전', '기후변화', '재난위험'이

4) 기후변화협약 결과문서에 '손실과 피해'라는 용어가 처음으로 포함된 것은 2007년 발리에서 개최된 제13차 당사국총회였다.

서로 연계되어 있다는 통합적 접근을 강조한 것이다(오윤경, 2017). 또한 센다이 프레임워크는 '재난으로 인한 손실과 재난위험의 실질적 감소'를 달성하기 위해 개발도상국의 역량 강화, 이를 위한 국제사회의 협력과 지원을 강조하고 있다.

센다이 프레임워크의 일곱 개 목표 중 국제사회와의 협력과 관련이 있는 것은 여섯 번째 목표로 '2030년까지 본 강령을 이행하기 위한 국가 차원의 조치를 보완하는 적절하고, 지속가능한 지원을 통해 개발도상국에 대한 국제협력을 실질적으로 강화한다'는 내용이다. 이를 이행하기 위한 수단은 크게 네 가지로 다음의 내용을 포함한다.

첫째, 개발도상국의 역량 강화를 위한 기술 및 재정 지원을 확대할 것, 둘째, 재정, 친환경 기술, 과학, 포괄적 혁신에 대한 지식 및 정보의 공유뿐만 아니라 접근성을 확대할 것, 셋째, 재난위험경감에 대한 정보 공유와 접근성을 보장하기 위한 플랫폼을 확대할 것, 넷째, 빈곤감소, 기후변화적응 등 모든 부문의 양자 및 다자간 개발원조프로그램에 재난위험경감과 관련된 수단을 적절히 통합할 것이다.[5)]

5) 센다이 프레임워크 제47조.

참고

유엔 재난위험경감전략사무국(UNDRR)에 대하여

센다이강령의 이행을 총괄하는 국제기구는 유엔 재난위험경감전략사무국(UN Office for Disaster Risk Reduction: UNDRR)으로 스위스 제네바에 소재한다. UNDRR은 1990년 재난위험경감을 위해 설립된 유엔 기구로 국제사회와의 협력을 통해 재난관리와 위험 감소를 촉진하는 역할을 수행한다. 또한 2015년 채택된 센다이 프레임워크의 이행을 위해 재난위험 감소에 대한 정책 개발, 역량 강화, 지역사회 참여 등을 촉진한다. UNDRR은 2년마다 재해경감에 대한 '글로벌 평가보고서(Global Assessment Report: GAR)'를 발간하고 있으며, 재난 예방과 위험경감에 대한 지식공유를 위한 플랫폼으로 'Prevention Web'을 운영하고 있다.

지난 2010년에는 대한민국 인천 송도에 동북아사무소 및 국제방재교육훈련연수원(Office for Northeast Asia and Global Education and Training Institute: UNDRR ONEA and GETI)을 개소하기도 하였다. ONEA는 한국을 포함한 일본, 중국, 몽골, 북한이 센다이 프레임워크를 이행할 수 있도록 지원하는 동북아 허브의 역할을 수행하고 있다.

- UNDRR: www.undrr.org/
- UNDRR ONEA: www.undrr.org/incheon
- Prevention Web: www.preventionweb.net/

2) 지속가능발전목표와 재난위험경감

지속가능발전목표(Sustainable Development Goals: SDGs)는 국제사회가 새천년개발목표(Millennium Development Goals: MDGs)를 대체하는 글로벌 목표로 2015년 유엔총회에서 만장일치로 채택, 2030년을 목표 달성 시한으로 하고 있다. SDGs는 지속가능발전, 즉 미래세대의 필요(needs)를 충족하면서 오늘날의 필요도 충족하기 위해 경제, 사회 발전에 더불어 환경보호를 함께 이루고자 하는 국제사회의 구체적인 합의이다.

17개의 SDGs 중 재난을 직접적으로 언급하고 있는 목표는 총 네 가지로 목표1. 빈곤종식, 목표2. 기아종식, 목표11. 지속가능한 도시, 목표13. 기후변화 등이다. 이들 목표의 세부목표(target)의 구체적인 내용은 빈곤층의 재난에 대한 노출과 취약성 감소(1.5), 지속가능한 식량 생산을 위해 재난에 대한 적응력 강화(2.4), 재난으로 인한 사망자와 피해자 수, 경제 손실 감소(11.5), 재난 회복력을 위한 정책 채택을 포함한 재난위험관리 개발 및 이행(11.b), 자연재해에 대한 회복력과 적응력 강화(13.1) 등으로 구성된다. 특히, 목표11의 세부목표 11.b는 센다이 프레임워크를 직접적으로 언급하고 있을 뿐만 아니라 '기후변화', '재난 회복력', '개발'을 위한 통합적 접근을 강조하고 있다.

SDGs 이행의 정도는 각 세부목표별 글로벌 지표(global indicators)를 설정하여 확인하고 추적하고 있는데, 재난과 관련한 지표는 〈표 6-1〉에서 확인할 수 있듯이 주로 재난으로 인한 피해의 정도와 국가별, 지역별 재난위험경감 전략의 채택과 이행 비율로 확인하고 있다. 재난의 영향은 최전선에 있는 사람들이 가장 먼저 감지하고 또 가장 많은 피해를 받는다. 따라서 재해위험 감소를 위한 국가와 지역 차원의 전략의 수립은 매우 중요하다. 2015년 대비 2021년 사이 동 전략을 수립한 국가의 수는 51개국에서 98개국으로 두 배 이상 증가했다(UN, 2022a).

그러나 코로나19 대유행, 기후변화, 러시아의 우크라이나 침공으로 인한 전쟁발발 등 삼중의 위기(triple crisis)는 수십만 명의 생명을 앗아갔고, 동시에 수백만 명의 사람들이 살 곳을 잃어버리게 되었다. 이러한 배경 하에 구테헤스(António Guterres) 유엔사무총장은 'DRR 글로벌 이행 보고서' 서문에서 "재난만큼 SDGs의 달성을 저해하는 것도 없다"고 언급한 바 있다(UNDRR, 2022).

표 6-1 재난 관련 SDGs

목표(Goal)	세부목표(Target)	지표(Indicator)
1. 모든 곳에서 모든 형태의 빈곤 종식	1.5 2030년까지 빈곤층과 취약계층의 회복력을 구축하고, 극한 기후에 관련된 사건이나, 기타 경제·사회·환경적 충격 및 재난에 대한 노출과 취약성 감소	1.5.1 인구 100,000명당 재난으로 인해 사망, 실종, 그리고 피해를 입은 인구 수
		1.5.2 국제 GDP와 비교해서 재난으로 인한 직접적인 경제손실
		1.5.3 국가, 그리고 지방수준에서 재난위험경감 전략을 갖고 있는 국가의 수
2. 기아종식, 안전하고 영양이 개선된 식량 달성, 지속가능한 농업 장려	2.4 2030년까지 지속가능한 식량생산체제를 확보하는 한편, 생산성과 생산량을 증대하고, 생태계 유지에 도움이 되며, 기후변화, 극심한 기상현상, 가뭄, 홍수 및 기타 재난에 대한 적응	2.4.1 생산적이고 지속가능한 농업에 사용되는 농지면적 비율

	력을 강화시키고, 점진적으로 토지와 토양의 질을 개선시키는 회복력 있는 농업 원칙 이행	
11. 포용적이고 안전하며 회복력 있고 지속가능한 도시와 주거지 조성	11.5 2030년까지 빈곤층과 취약계층 보호에 중점을 두고, 수해 등 재난으로 인한 사망자 및 피해자 수를 대폭 줄이고, 글로벌 총 GDP 대비 직접적인 경제적 손실 대폭 감소	11.5.1 인구 10,000명당 재난으로 인해 사망, 실종, 그리고 피해를 입은 인구 수
		11.5.2 중요 기반시설 피해 및 기본적인 서비스 중단 등을 포함하여, 글로벌 GDP 대비 재난으로 인한 직접적인 경제손실
	11.b 2020년까지 포용, 자원효율성, 기후변화 완화와 적응, 재난 회복력을 위한 통합된 정책 계획을 채택 이행하는 도시와 정주지의 수를 상당히 증대하고, 센다이 프레임워크에 따라 모든 수준에서 전체적인 재난위험관리를 개발하고 이행	11.b.1 센다이 프레임워크에 따라 지역적인 재난위험경감 전략을 채택하고 이행하는 지방정부의 비율
		11.b.2 국가적인, 그리고 지역적인 재난위험경감 전략을 갖춘 국가의 수
13. 기후변화와 그로 인한 영향에 맞서기 위한 긴급 대응	13.1 모든 국가에서 기후 관련 위험과 자연재해에 대한 회복력과 적응력을 강화한다.	13.1.1 국가적인, 그리고 지역적인 재난위험경감 전략을 갖춘 국가의 수
		13.1.2 인구 10,000명당 재난으로 인해 사망, 실종, 그리고 피해를 입은 인구 수

출처: 환경부, 『UN SDGs 목표, 세부목표 및 글로벌지표 리스트』.

3) 인도적 지원과 개발, 평화의 연계적 접근

2015년 SDGs가 채택된 다음해인 2016년 터키(현 튀르키예) 이스탄불에서 '세계 인도주의정상회의(World Humanitarian Summit: WHS)'가 개최되었다. WHS에서는 재난이 장기화되고 복합적으로 발생함에 따라 인도주의 원칙에 따라 인도적 지원을 하면서도 중·장기적 관점에서의 개발협력을 통해 인도적 지원을 필요로 하는 국가나 지역의 취약성을 줄여나가야 한다는 것, 즉 '인도적 지원-개발 연계(Humanitarian-Development Nexus)'가 핵심 의제 중 하나였다. H-D Nexus를 위해서는 '새로운 업무 방식(New Way of Working: NWoW)'이 필요한데, 이는 "공동의 성과를 달성하기 위해 다양한 주체들이 각각의 비교우위를 바탕으로 수년 간 노력하는 행위"를 의미한다(UN OCHA, 2016).

여기서 공동의 성과는 "피해인구의 필요와 위험, 취약성은 경감하고 회복력은 증진시키기 위해 일반적으로 합의하는 정량화할 수 있고, 측정가능한 결과 혹은 영향"을 의미한다. 한 걸음 더 나아가 2019년 OECD DAC 고위급회의에서는 인도적 지원과 개발협력에 평화의 요소를 연계하여 개발도상국의 취약성을 완화하고, 갈등과 분쟁의 위험을 사전에 예방하여 인도적 필요 상황을 감소하며, 지속가능발전과 평화 달성에 기여해야 한다는 내용의 '인도적 지원과 개발, 평화 간 연계 권고안(Humanitarian-Development-Peace Nexus)'을 채택하였다.

참고

인도적 지원의 기본 원칙

인도적 지원의 기본 원칙은 인류애(humanity), 공평성(impartiality), 중립성(neutrality), 독립성(independence)으로 모든 행위자들은 인도적 지원 활동을 수행함에 있어서 다음의 원칙을 준수하여야 한다.6) 이는 유엔 총회의 결의사항이기도 하다(A/RES/58/114).

구체적으로 첫째, 인도주의 활동은 인류애(humanity)를 기반으로 하여야 한다. 인도주의 행동의 목적은 인간의 생명과 건강을 보호하고 인간에 대한 존중을 보장하는 것이다. 둘째, 인도주의 활동은 공평해야 한다. 이는 적대 행위의 편을 들거나 정치적, 인종적, 종교적 또는 이념적 성격의 논쟁에 관여해서는 안 된다는 것을 의미한다. 셋째, 인도주의 활동은 중립적이어야 한다. 인도주의 활동은 긴급한 조난 상황에 따른 '필요(need)'에 의해 수행되어야 하며, 국적, 인종, 성별, 종교적 신념, 계급 또는 정치적 의견에 따른 차별을 두어서는 안 된다. 넷째, 인도주의 활동은 독립적이어야 한다. 인도주의 활동이 이루어지는 지역에서 모든 행위자가 가질 수 있는 정치적, 경제적, 군사적 또는 기타 목적으로부터 자율적이어야 한다.

이상의 논의를 정리해 보면 국제사회는 재난관리를 지속가능발전과 평화의 맥락에서 다루고 있으며, 재난위험경감을 위한 조치가 통합적으로 이루어져야 함을 강조하고 있다.

6) OCHA on Message: Humanitarian Principles(검색일: 2023년 6월 20일).

3 재난관리와 ODA

공적개발원조(official development assistance: ODA)는 오늘날 선진국과 개발도상국의 발전격차를 줄이기 위한 국제사회의 구체적인 노력의 일환으로 국제사회의 공여행위는 교육, 보건, 공공행정, 사회인프라뿐만 아니라 재난의 단계별 대응을 위한 인도적 지원(humanitarian assistance)에 있어서도 중요한 역할을 수행한다.

유엔 인도주의업무조정국(United Nations Office for the Coordination of Humanitarian Affairs: UN OCHA)에 따르면 인도적 지원은 자연재해(natural disaster)나 인간이 야기한 분쟁(man-made disaster)으로 피해를 입은 사람들을 돕고, 그들의 기본적인 필요와 충족시키고 인권을 보호하는 활동을 의미한다. 즉, 인도적 지원 대상이 되는 재난에는 자연재해뿐만 아니라, 인재, 분쟁(conflict) 등이 포함된다. 현재 국제사회는 그 어느 때보다 인도주의적 도움을 필요로 하고 있다. 코로나19 팬데믹과 파키스탄 대홍수, 뒤이어 발발한 러시아-우크라이나 전쟁, 튀르키예 대지진, 미얀마, 수단, 시리아 등의 국가에서 지속적으로 발생하고 있는 내전 등 인도주의적 위기 상황은 지속되고 있다.

UN OCHA 통계(Financial Tracking Service: FTS)에 따르면 2023년 현재 인도적 지원과 보호가 필요한 사람들의 수는 3억 3천 900만 명에 달한다. 도움이 필요한 사람들의 수는 불과 4년 만에 두 배가 되었다. 또한 2023년 현재 인도주의적 필요를 충족하기 위해

약 548억 달러가 필요한데, 이는 1년 전의 수요에 비해 100억 달러 이상 증가한 수치이다.[7] 2022년의 경우 인도주의 대응을 위해 약 517억 달러를 필요로 했으나 57%만이 달성되었다. 인도주의적 필요는 갈수록 커지지만([그림 6-1] 참고) 인도적 지원이 그에 비례하여 이루어지지 않으며, 인도주의 지원은 현장에 따라 불균등하게 지원된다. 일례로 인도주의적 필요를 호소했던 시리아 난민 대응 및 회복계획의 경우 필요한 자금의 26.4%만 지원되었다. 반면, 우크라이나에 대한 긴급 호소에는 필요한 자금의 77.8%가 지원되었다. 상황을 더욱 악화시키는 것은 위기가 다차원적이고 복합적이라는 점이다. 아프가니스탄처럼 분쟁을 겪는 중에 기후변화로 인

그림 6-1 인도주의적 호소(appeal) 대비 대응 비율

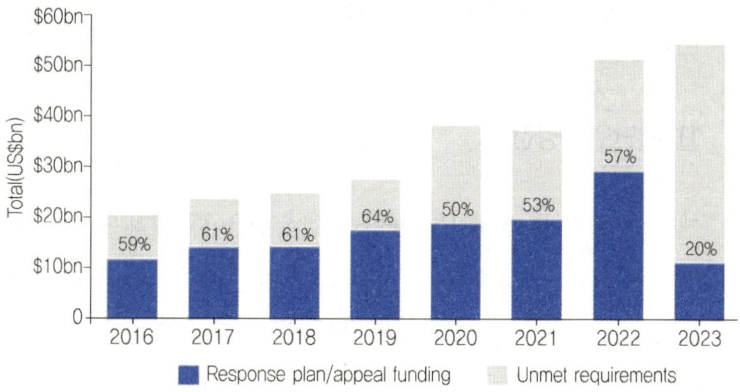

출처: UN OCHA FTS Appeals and response plans 2022(fts.unocha.org/appeals/overview/2022).

7) https://www.devex.com/news/humanitarian-needs-expected-to-hit-record-levels-in-2023-104693(검색일: 2023년 7월 1일)

한 가뭄과 식량불안정, 소득 감소와 실업 등 사회·경제적 위기 상황에 놓이기도 한다.[8] 2021년 기준 인도주의 필요 상황에 놓인 73개 국가 중 절반 이상이 한 가지 이상의 위기에 직면했다. 때로는 자연재해로, 때로는 분쟁으로 인해 강제 이주를 해야만 했다. 특히, 16개 국가는 세 가지 유형의 위기를 모두 경험하기도 했다(UN, 2022b).

이하에서는 재난관리의 관점에서 국제사회가 개발도상국의 재난위험경감뿐만 아니라 재난이 발생한 이후 이를 복구하기 위해 어떤 역할을 수행하고 있는지를 살펴본다. ODA는 재난의 생애주기에 거쳐 다양한 방식으로 개발도상국의 재난관리 역량 강화를 위해 기여를 하고 있다. 이하에서는 재난의 단계를 크게 재난위험경감, 긴급구호, 복구와 재건으로 구분하여 국제사회와 한국은 어떤 역할을 하는지 살펴보도록 한다.

1) 재난위험경감

재난의 예방 단계에서는 재난이 발생했을 때 피해를 최소화하기 위한 일련의 활동이 이루어진다. 이를 '재난위험경감(Disaster Risk Reduction: DRR)'이라고 한다. 재난위험경감은 위험을 예방하거나 재난으로 인한 피해를 최소화하는 것을 목적으로 한다. 재난위험경감을 포함, 국제사회의 인도적 지원 원조(aid) 현황은 OECD 개발원조위원회(development assistance committee: DAC) 통계작업반

8) https://www.kiep.go.kr/aif/issueDetail.es?brdctsNo=343910&mid=a30200000000&systemcode=02(검색일: 2023년 6월 30일)

이 인도적 지원과 관련한 공여국의 원조 데이터를 수집, 통계를 제공하고 있다.[9)]

원조 통계는 CRS 원조목적코드(Creditor Reporting System Purpose Code)라고 불리우는 분야별 분류 체계를 적용하여 구체적인 배분 현황을 파악할 수 있다. 인도적 지원은 대분류 700번 코드에 속하며, 하위 분류로 720번 긴급구호(Emergency Response), 730번 재건 지원 및 복구(Reconstruction relief and rehabilitation), 740번 재난방지 및 예방(Disaster prevention and preparedness) 등이 포함된다.[10)]

재난관리를 위한 국제사회의 원조 지원 현황은 재난위험경감 마커(DRR Marker)를 통해서도 확인할 수 있다. OECD DAC 마커는 성평등, 환경, 기후변화 완화 및 적응 등 주요 개발목표별 이행 현황을 모니터링하기 위해 개발된 지표이다. 마커별로 도입 시기는 다르며, 재난위험경감 마커는 지난 2018년에 도입되었다.[11)] 정책마커의 장점은 특정 분야의 원조가 각 개발목표달성에 기여하고 있는지를 확인할 수 있다는 것이다. [그림 6-2]에서 확인할 수 있듯이 DRR 마커가 도입된 2018년 이후 가장 많은 예산을 DRR과 연계하여 투입한 공여국은 스웨덴, 일본, 영국, 스위스, 미국, 프랑

9) OECD DAC CRS data. https://stats.oecd.org/

10) 720번 CRS 코드 '긴급대응'의 범주에 들어가는 세부 내역에는 구호 물자 지원 및 서비스, 긴급식량원조, 긴급구호 조정 및 지원서비스 등이 있다.

11) 각 정책마커는 0, 1, 2점의 값이 부여되는데, 관련 목표와 활동이 주요 목적(principla)인 경우 2점, 관련 목표와 활동이 부차적 목적(significant)인 경우 1점, 해당 사항이 없는 경우는 0점을 부여한다. 정책마커를 통해 각 국가가 수행하고 있는 원조 프로젝트가 주요 개발목표와 직·간접적으로 연계되어 있는지 살펴볼 수 있다는 장점이 있다.

그림 6-2 재난위험경감 ODA 현황(2018~2020)

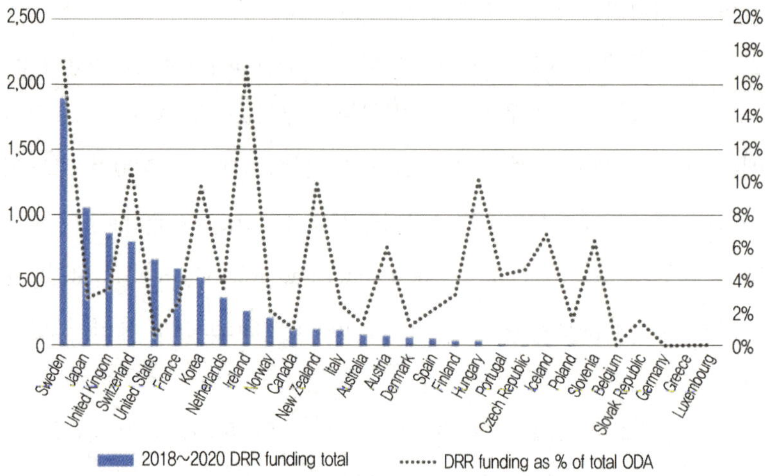

출처: Lee(2023).

스, 한국 순으로 높았다. 특히, 스웨덴과 아일랜드는 동 기간 동안 지원한 전체 ODA의 규모에서 DRR 원조가 차지하는 비중이 15% 이상 이었음을 확인할 수 있다.

한편, 국립재난안전연구원(2021)에 따르면 2017년에서 2021년 최근 5년 간 우리나라의 전체 ODA사업 규모가 급격히 증가하는데(40.7%) 비해, 재난안전 분야의 ODA사업 규모 증가율은 2017년 2,132억 원에서 2021년 2,615억 원으로 약 22.7% 증가하였다. 이는 전체 ODA사업 규모의 증가율에 미치지 못하고 있을 뿐만 아니라 지원 분야도 획일화되어 있다(곽용석 외, 2021). 최근 들어 재난안전 분야 ODA사업 규모가 대폭 증대된 것은 코로나19와 같은 감염병 위기로 인한 긴급대응자금이 재난위험경감 ODA에 포함된 것으로,

자연재해와 관련한 위험을 예방하기 위한 ODA사업은 여전히 부족한 실정이라고 할 수 있다.

참고

재난안전 ODA사업 사례

행정안전부 산하 국립재난안전연구원은 지난 2013년부터 필리핀, 베트남, 라오스 등 자연재해에 취약한 개발도상국을 대상으로 재난위험경감을 위한 '재난안전 신기술 해외보급 ODA사업'을 수행하고 있다. 주요 사업으로 2013년부터 3개년도에 거쳐 필리핀 기상청 내에 돌발홍수 예·경보 시스템을 설치하고, 기술이전을 위한 교육을 실시하였으며 경보시스템을 확대 설치한 바 있다.

본 사업은 홍수 예·경보체계와 자동 우량경보시설을 설치하여 재해위험을 조기에 감지하여 홍수피해를 저감하는 것을 목표로 한다. 필리핀은 다른 국가들에 비해 태풍, 홍수 등의 자연재해가 빈번히 발생하며, 이로 인한 인명, 재산 피해는 국가발전을 저해하는 요인으로 작용한다. 즉, 필리핀은 재난위험경감 ODA사업에 대한 수요가 매우 높다고 할 수 있다. 또한 필리핀은 국가적 차원의 재난안전 분야 발전전략으로 '지리적으로 소외되어 재난에 취약한 지역을 대상으로 재해 조기경보 체계를 구축'하는 계획을 포함하고 있다.

출처: 국립재난안전연구원 누리집 및 2022년 재난안전 신기술 해외보급(ODA)사업 자체평가 보고서

2) 긴급구호

긴급구호(emergency relief)는 지진이나 태풍, 홍수 등의 재난 발생 후 즉각적으로 재난이 발생한 지역에 제공되는 대응 및 지원 활동을 의미한다. 긴급구호의 주요 목표는 생명을 구하고 재난으로 인한 고통을 완화하며 피해를 입은 사람들의 기본적인 요구를 충족시키는 것이다. 긴급구호 활동에는 수색 구조 작전, 식량공급, 식수공급, 임시 거주지 지원, 의료 지원, 심리적 지원 등이 포함된다. 특히, 유엔, 비정부기구(NGO), 정부 기관 및 국제 인도적 단체들은 긴급구호 서비스를 제공하는 데 중요한 역할을 한다. 재난이 발생하면 유엔 인도주의업무조정국(UN OCHA)은 긴급구호가 필요한 상황에서 다양한 행위자들의 인도주의 활동을 조정하는 역할을 수행한다.

우리 정부는 지난 2007년 「해외긴급구호에 관한 법률」과 시행령을 제정, 이를 근거로 해외긴급구호대(Korea Disaster Relief Team: KDRT)를 파견하고 있다.[12] 또한 인도적 지원의 효과적인 수행을 위해 2019년 「우리나라의 인도적 지원 전략」 개정안을 마련하는 등 법적 · 제도적 체계를 구축하고 있다.[13] 또한 「다자개발협력 추

12) 그러나 동법 제2조는 '해외재난'을 대한민국 영역 밖에서 발생한 천재지변, 대형사고 그 밖의 재해 또는 사고로 인한 대규모 피해로 한정하고 있으며, 인적재난, 분쟁 등을 재난의 범위에 포함하지 않는다. 이에 우리 정부는 2019년에 개정된 인도적 지원 전략에 보건, 분쟁 등의 인재로 인한 인도적 위기 또한 동법 제2조의 해외재난의 정의에 포함하는 것으로 확대 해석함을 밝히고 있다(박명희, 2022).

13) 우리나라의 인도적 지원 전략은 2015년에 최초로 수립되었고, 2019년 개정안이 만들어졌다.

진 전략」을 통해 유엔개발계획(UNDP), 세계식량계획(WFP), 유엔아동기금(UNICEF), 유엔 인도주의업무조정국(UN OCHA), 유엔난민기구(UNHCR) 등 주요 개발 및 인도적 지원 분야 유엔 기구들과 협조체제를 구축하고 있다.[14)]

참고

한국의 해외긴급구호대(KDRT) 파견 사례

KDRT는 '해외긴급구호에 관한 법률'에 따라 2007년에 설립되었고, 재난이 발생한 국가의 피해 감소, 복구, 또는 인명구조, 의료구호 등을 지원하기 위해 정부 차원에서 파견하는 긴급구호대이다. 대규모 해외재난 발생 시 민·관합동 해외긴급구호협의회 심의를 거쳐 피해국 지원활동을 한다.

2008년 중국 쓰촨성 지진을 시작으로 지금까지 총 9개 국가의 재난 상황에 해외긴급구호대(KDRT)를 파견하였다. 2023년 2월 발생한 튀르키예 지진에는 튀르키예에는 지금까지의 파견 중 가장 큰 규모로 152명이 세 번에 나누어 파견되었다. 가장 먼저 파견된 1진은 지진 발생 이후 50시간 이내에 현장에 도착, 생존자 구조를 위한 수색작업을 펼쳤다. 2진과 3진은 구호 물품을 전달하고 재건복구사업에 대한 현지 수요를 파악하는 역할을 했다.

특히, 2진과 3진에 NGO 활동가들이 KDRT에 참여하였고, 현지 수요조사와 사업계획을 관과 민이 협력을 통해 추진하였으며, 그 결과 민관이 공동으로 조성한 기금을 통해 '이재민 임시거주촌 조성'사업을 추진하기로 했다.[15)]

---

14) 2016년 2월 「다자협력 추진 전략」을 수립하였으며, 2021년 12월 이를 개정한 「다자개발협력 추진 전략」을 수립하였다.

15) 조선일보, "해외 재난 긴급구호도 정부 NGO 합동으로"(출처: https://future

3) 복구와 재건

복구와 재건(Recovery & Rehabilitation) 단계에서는 긴급구호를 통해 급박한 상황이 어느 정도 종료된 이후 주민들이 재난 이전의 일상으로 돌아갈 수 있도록 식수위생사업, 보건 및 영양사업, 교육사업, 직업훈련사업, 소득증대사업, 농업사업, 도로 및 주택사업 등 다양한 사업을 실시하게 된다.

재난을 겪은 사람들에 대한 심리적 지원도 중요하다. 재난으로 인해 트라우마와 정서적인 문제가 발생할 수 있기 때문이다.[16] 이에 국제 구호단체들은 심리 지원 프로그램을 진행하기도 한다. 2000년대 이후 가장 많은 인명피해가 발생한 재난은 2010년 1월에 발생한 아이티 대지진이었다. 그러나 지진이 발생한지 10년이 훨씬 지난 시점에도 아이티의 재건복구는 완료가 되지 않았고, 기후변화로 인한 재난이 지속적으로 발생하고 있는 상황이다.[17] 현재 국제사회는 튀르키예와 시리아 대지진 이후 복구와 재건을 위해 다양한 지원사업을 구상하고 있는데, 기 발생했던 대형 재난 대응 사례와 교훈을 잘 참고하여야 할 것이다.

---

chosun.com/archives/75087, 검색일: 2023년 6월 23일).

16) 출처: https://futurechosun.com/archives/76020(검색일: 2023년 7월 1일)

17) 출처: https://www.dongascience.com/news.php?idx=6774(검색일: 2023년 6월 30일)

참고

아이티 재건복구 사례

2010년 아이티에서는 대지진이 발생하였고 뒤이은 해일 등으로 수십만 명의 목숨이 희생되었다. 지진이 발생한지 10년이 지났지만 아이티는 대지진 발생 이전으로 완전히 돌아가지 못한 상황이다. 재건복구를 위해 국제사회로부터의 기부와 원조가 이루어졌으나, 기후변화에 대한 취약성으로 반복되는 재난 허리케인, 홍수, 가뭄 등은 복구를 더디게 만들었다.[18] 특히, 2010년 이후 아이티에는 콜레라가 창궐하는데, 이에 대응하기 위해 유엔은 2016년 '새로운 접근법'을 발표했다. 유엔에 따르면 콜레라 확산에 의해 직접적으로 영향을 받은 이들을 지원하면서, 동시에 아이티 정부와의 파트너십을 통해 콜레라를 치료하고 경감하며 콜레라 확산을 종결시키기 위한 급수와 위생 및 보건 시스템을 지속적으로 이용할 수 있게 해주는 체계를 마련하고 있다(UN OCHA, 2016).

4 재난관리 ODA의 주요 과제

지금까지 재난에 대응하기 위한 국제사회의 공동의 노력과 현황을 알아보았다. 한국 정부는 지난 2010년 OECD 개발원조위원회

18) 출처: https://www.seoul.co.kr/news/newsView.php?id=20200113500208(검색일: 2023년 6월 30일)

(development assistance committee: DAC)[19] 가입 이후 한국과 경제 규모가 비슷한 다른 공여국 수준으로 원조의 양을 늘리고, 동시에 원조의 질을 제고하기 위해 많은 노력을 기울이고 있다. 정부는 ODA 최고 의사결정 단위인 국제개발협력위원회에서 2024년도 ODA 예산안을 6조 8천 421억 원으로, 2023년 대비 약 43% 증액하는 것으로 합의하였다.[20] 그동안 한국의 원조 규모는 DAC 공여국의 평균에 미치지 못하는 규모였으나 단기간에 목표를 달성할 수 있을 가능성이 높아졌다. 특히, 인도적 지원 예산을 2023년 대비 세 배 규모인 1조 1천 617억 원으로 대폭 확대하겠다는 계획이다. OECD DAC 가입 이후 한국은 ODA를 비롯한 국제개발협력 사업을 추진하기 위한 법과 제도, 정책을 정비해 왔다. 그럼에도 불구하고 우리나라의 해외 인도적 지원 활동의 법적 근거가 되는 「해외긴급구호에 관한 법률(이하 해외긴급구호법)」은 제한적이다. 이에 법 개정의 필요성에 대해 국제개발협력 이해관계자들의 공감대가 형성되고 있는 상황이다. 현 해외긴급구호법은 활동 범위가 '천재지변'과 같은 자연재해 중심으로 제한적이다. 또한 동 법률은 '긴급구호'만 다루고 있고 재난위험경감이나 예방과 같은 활동은 포함되지 않으며, 인도적 지원 상황이 종료된 이후의 개발협력 사

19) OECD DAC은 ODA 공여국들 간 협의기구로 원조의 질적 제고를 위한 원조 규범을 정립하고, 규범의 준수 여부에 대해 상호 평가(peer review)를 통해 점검하며, 공여국과 국제기구의 ODA의 배분 현황을 확인할 수 있는 통계자료를 제공하는 역할을 한다. 2023년 현재 EU를 제외한 총 30개 국가가 회원국 지위를 갖고 있다.

20) 출처: https://www.yna.co.kr/view/AKR20230630062100001?input=1195m (검색일: 2023년 7월 1일)

업과 연계하여 다루고 있지 않다. 또한 해외긴급구호법은 인도주의에 입각하여 피해국 정부의 요청과 우리나라의 국제적 · 경제적 위상을 고려할 것을 기본 원칙으로 하고 있다. 그러나 이는 국제사회가 합의하고 있는 인도적 지원의 독립성 원칙과 상충되는 것으로 해석될 소지가 있다(박명희, 2022). 이에 현재 국회에서는 해외긴급구호법을 「해외재난의 인도적 지원에 관한 법률」로 개정하려는 시도 중에 있으며, 2023년 6월 현재 외교통일위원회에서 심사 중에 있다.[21] 더불어, 국제사회의 인도주의적 필요에 부응하기 위해 다양한 주체들 간의 협력이 더욱 강화되어야 한다. 인도주의, 개발 분야의 민간 구호단체들은 재난 상황이 발생하였을 때 민첩하고 유연한 대응이 가능할 뿐만 아니라, 각국에 형성되어 있는 네트워크를 통해 장기화된 대응에도 유리하다는 장점이 있다.[22] 튀르키예 대지진 구호 활동을 통해 민관협력의 새로운 지평을 열었고, 협력의 수준은 지속적으로 확대되어야 할 것이다.

21) 출처: 국민참여입법센터, https://opinion.lawmaking.go.kr/gcom/nsmLmSts/out/2122621/detailRP

22) 출처: https://futurechosun.com/archives/75087(검색일: 2023년 6월 30일)

참고문헌

곽용석 외(2021). 재난안전분야 공적개발원조 사업 추진현황 및 향후 확대방안. 『물과 미래』, 54(10). 국립재난안전연구원.

국립재난안전연구원(2022). 재난안전 신기술 해외보급(ODA)사업 자체 평가 보고서.

박명희(2022). 우리나라의 인도적 지원 현황과 과제: 법적 기반을 중심으로. 국회입법조사처. 『이슈와 논점』, 제2018호.

오윤경(2017). '재해위험경감을 위한 센다이프레임워크(SFDRR)'의 주요 이슈와 과제. 『ISSUE PAPER』, 통권 제58호. 한국행정연구원.

KIEP(2023). [이슈트렌드] 아프가니스탄 내 인도주의적 위기 사태 이어져.

Lee, S.(2023). How much do development partners invest in disaster risk reduction? A data analysis. *Development Policy Review*, 00, e12707. https://doi.org/10.1111/dpr.12707

UN(2015). Transforming our world: the 2030 Agenda for Sustainable Development. A/RES/70/1.

UN(2022a). The Sustainable Development Goals Report. United Nations.

UN(2022b). The Global Humanitarian Assistance Report 2022.

UN(2023). The Global Humanitarian Assistance Report 2023.

UNDRR(2022). Global Assessment Report on Disaster Risk Reduction 2022: Our World at Risk: Transforming Governance for a Resilient Future. Geneva.

UNISDR(2015). Sendati Framework for Disaster Risk Reduction 2015-2020. United Nations.

UN OCHA(2016). New way of Working. United Nations.

누리집

국립재난안전연구원, www.ndmi.go.kr/

대한민국 ODA 통합누리집, www.odakorea.go.kr

UNDRR, www.undrr.org/

UN OCHA FTS, fts.unocha.org/

제 7 장

재난과 남북한 협력

1 서론: 기후변화와 새로운 위기의 시대

1972년, 미국의 환경과학자 메도즈(H. Meadows)의 『성장의 한계(*The Limits to Growth*)』는 전 세계적 기후위기에 대한 관심을 불러모았다(Meadows, 1972). 지구온난화의 심각성을 일깨워준 이 책에 대하여 한동안 과장된 판타지라는 반대 의견도 거셌다. 그러나 현재 21세기에 접어들면서 자연재해, 국토 및 해양 오염, 전염병 등 기후변화와 연계된 환경재난(environmental disasters)이 세계정치 전면에 부상했다. 기존 전통적 차원에서 형성되었던 군사, 정치적 안보뿐 아니라 비전통적 요소인 기후, 환경, 보건, 에너지, 사이버, 난민, 식량 등의 문제가 안보 영역으로 확장되었다. 지난 시기 환경 문제가 법률 제정이나 정책을 통해 논의되었다면, 이제는 세계 곳곳에 살고 있는 개개인이 체감할 정도로 보편적인 문제로 자리잡았다.

안보양상의 변화는 그간 개별 국가가 형성해온 군사적 안보 개념에서 국제적 신흥안보(emerging security)의 영역으로 화제를 돌려놓았다. 행위자인 각국의 정부는 현실에 닥친 새로운 재난 상황에 대한 대응 방식을 진지하게 고민해야 하는 상황에 놓였다. 이러한 신흥안보의 이슈들은 일상생활에서 미시적 차원에 발생하는 안전의 문제들이 특정 계기를 통해 거시적 국가안보의 문제로도 증폭된다(김상배, 2016: 77).

신흥안보의 개념이 강조되는 것은 그로 인한 위기가 점차 심각한 수준에 이르렀음을 의미한다. 전 세계가 그러하듯 한반도 내에서도 신흥안보가 새로운 개념으로 대두되고 있다. 과거 냉전시기 북한이 주로 군사적인 위협의 대상으로 여겨졌다면, 이제는 북한 지역에서 발생하는 다양한 재난 상황까지 한국 사회의 안보 문제와 직결되는 것을 경험했다. 이를테면 가뭄이나 홍수, 태풍과 같은 자연재해뿐 아니라 코로나19 방역을 비롯해 북한에서 발생한 소나무 재선충이나 아프리카 돼지열병(ASF)과 같은 문제도 국경을 맞대고 있는 한국에 직접적인 영향을 미친다. 기후변화로 심화되는 북한의 식량안보 위기 역시 체제의 불안정성을 가중시켜 한국 사회의 큰 위협 요인이 될 수도 있다. 지금껏 북한에서 발생하는 대규모의 재난 피해는 사회재난보다 자연재난에 의해 주로 발생하며, 특히 여름철 집중호우나 태풍 등 자연적 요인에 의한 재난의 피해 규모가 훨씬 심각하다. 그렇기 때문에 기후변화로 인한 한반도 재난환경의 변화에 주목할 필요가 있다.

이 장에서는 신흥안보의 관점에서 기후변화로 인한 북한의 재난 상황에 대해 다룬다. 북한 지역의 기후위기와 재난은 한반도 전체의 문제이기에 남북한 협력이 반드시 필요한 분야이기도 하다. 신흥안보의 개념과 글로벌 위기로서 기후변화에 대해 살펴본 후 그로 인해 증폭되는 북한의 다양한 위기 요인에 대해 알아볼 것이다. 이어서 북한의 재난 발생 현황과 대응 노력에 대해 알아보고, 향후 재난 분야에서 남북한 공동대응 방안을 모색하고자 한다.

2 신흥안보와 기후변화

1) 신흥안보의 개념과 특성

탈냉전 시대에 따라 기존의 전통적인 안보의 범주를 벗어난 새로운 양상의 안보 개념이 등장한다. 냉전기 전통적인 안보가 '구안보(old security)'라면 비전통적인 안보는 '신안보(new security)'이다. 신흥안보 개념은 안보의 대상과 범위를 확대하고, 그 가치를 재해석하는 데 기여하였다. 안보 범주에 속한 다양한 안보 요소들이 상호작용을 하면서 어느 한 요소가 임계점을 넘으면 다른 영역에 지대한 영향을 줄 뿐만 아니라 국가적, 지역적, 글로벌 차원의 안보 위기로 확장될 수 있다(윤정현, 2021). 21세기에 들어 기후변화, 전염병 발생, 환경오염 등 비군사적인 위험 요인이 부각되면서 국민들의 안전보장에 대한 요구가 늘어났고, 9 · 11 테러 이후엔 군사안보와 국민의 안전보장을 모두 포함하는 포괄안보가 강조되었다(이재은, 2018).

신흥안보의 특성은 다음 네 가지로 정리할 수 있다(김호홍 · 오일석, 2018). 첫째, 평소에는 겉으로 드러나지 않는 잠재성이다. 평시엔 수면 안에 잠복해 있다가 양적 증가, 질적 전환을 통해 임계점이 충족되면 실질적인 위협으로 나타난다.

둘째, 다양한 주체에 의하여 불시에 나타나는 바 사전 예측과 선제적 대응이 어렵다는 불가측성이다. 과거 전통안보가 국가를 주체로 군사적 문제 위주로 나타났다면, 신흥안보는 개인, 단체, 자연, 바이러스 등 다양한 주체에 의해 나타나기 때문에, 문제의 해결을 위한 접근보다는 관리적 차원에 더 주목할 필요가 있다. 상시적인 정보관리와 분석, 사전징후 파악 등 다양하고 효율적인 예비조치들이 요구된다.

셋째, 어느 한 국가에만 국한되지 않는다는 점에서 초국가성이다. 최근 세계화, 정보화 및 인적교류가 활발해지면서 파급 영향과 속도, 그 범위가 더욱 확대되는 특성이 있다. 국가의 안보에 심각한 위협을 가하는 비국가 행위자들이 안보 환경에 지대한 영향을 끼치며(Puhl, 2016), 극단적인 기후재난과 같은 문제들은 역내 국가들에게 직접적인 위협이 되어 지역 전체의 불안정성을 가중시킨다(Busby, 2007). 이에 효율적 대응을 위해서는 국가와 국가 간을 비롯해 국제기구, 단체 등 각 주체들 간의 상호 긴밀한 소통과 협력이 요구된다.

넷째, 각 이슈 간 긴밀한 관계를 갖고 연쇄적으로 진행될 가능성이 높다는 것이다. 기후변화는 홍수, 가뭄과 같은 자연재해뿐 아니라 수자원 위기나 식량위기, 나아가 분쟁과 대립으로 이어진다는 점에서 연계성이 매우 높은 요인이다. 자연재해나 식량 문제로 인한 이주, 난민 문제 역시 사회질서의 변화를 초래하며, 심한 경우 인간안보의 위협과 테러의 발생 등과 연계될 수 있다. 신흥안보의 영역은 특정 문제에 대해 개별적으로 대응하는 단선적인 접근보다는 컨트롤 타워를 중심으로 연관되는 모든 이슈들이 함께 고려되면서 종합적이고 포괄적인 대응 시스템이 필요하다.

2) 기후변화와 글로벌 위기

기후변화는 인간의 생존에 직·간접적인 영향을 미치는 인권 문제와 맞닿아 있다. 「세계인권선언(Universal Declaration of Human Rights)」 전문에서 "모든 인류 구성원의 천부의 존엄성과 동등하고 양도할 수 없는 권리를 인정하는 것이 세계의 자유, 정의 및 평화의 기초"라 천명하고 있다. 사실상 많은 국가들과 국제기구들이 기후변화가 평화에 위협이 되는 안보 위험으로 인식한다. 미국의 '국가안보전략 보고서(National Security Strategy: NSS)'에서 기후변화는 자연재해의 증가, 난민 유입, 물과 식량과 같은 기본 자원에 대한 갈등을 촉발한다는 점에서 국가안보에 긴급하고도 중대한 위협이라고 규정한 바 있다(NSS, 2015).

최근 세계경제포럼(World Economic Forum: WEF)에서 발행한 '2023 글로벌 리스크 보고서(The Global Risks Report 2023)'에서는 향후 10년 동안 세계가 직면할 위험 요소를 다음과 같이 꼽는다([그림 7-1] 참고).

단기(향후 2년 이내)와 장기(향후 10년 이내)의 전 세계적 위험 순위는 이미 전개되고 있는 생활비 위기(cost-of-living crisis) 이외 자연재해와 이상기후, 기후변화 완화 실패, 환경피해 등 환경 문제가 5개로 가장 많이 제시되고 있다. 장기적으로 볼 때 기후변화 완화의 실패가 1위를 차지하며, 이를 포함하여 6개의 환경 문제가 포함되었다.

그림 7-1 향후 10년 이내 글로벌 리스크(상위 10개)

	2years		10years
1	Cost-of-living crisis	1	Failure to mitigate climate change
2	Natural disasters and extreme weather events	2	Failure of climate-change adaptation
3	Geoeconomic confrontation	3	Natural disasters and extreme weather events
4	Failure to mitigate climate change	4	Biodiversity loss and ecosystem collapse
5	Erosion of social cohesion and societal polarization	5	Large-scale involuntary migration
6	Large-scale environmental damage incidents	6	Natural resource crises
7	Failure of climate-change adaptation	7	Erosion of social cohesion and societal polarization
8	Widespread cybercrime and cyber insecurity	8	Widespread cybercrime and cyber insecurity
9	Natural resource crises	9	Geoeconomic confrontation
10	Large-scale involuntary migration	10	Large-scale environmental damage incidents

Risk Categories:

Environmental　Geopolitical　Societal　Technological

출처: WEF(2023: 6).

오늘날 국제사회에서 발생하는 주요 위험 요소들의 연계성을 살펴보면 기후 문제가 그 중심이 되어 나타난다. 2021년 세계경제포럼에서 발표한 상위 35개의 글로벌 리스크의 상호 연계성을 나타내면 다음과 같다([그림 7-2] 참고).

그림 7-2 글로벌 리스크 상위 35개의 상호 연계성

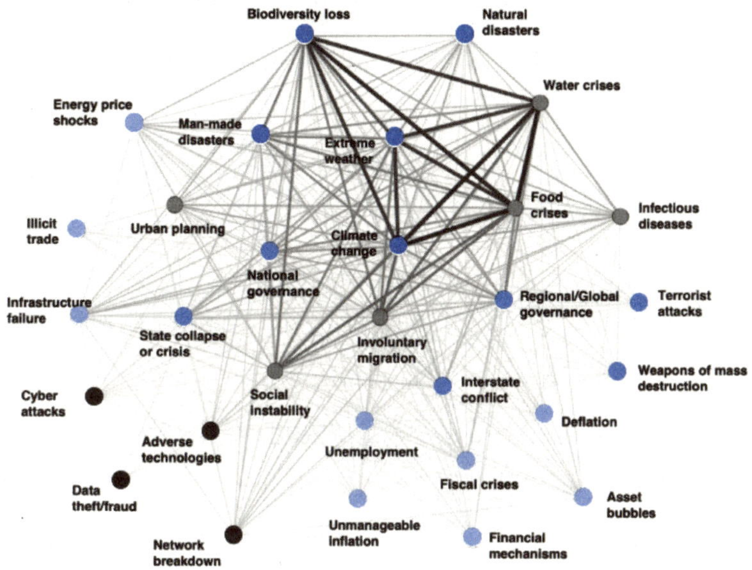

출처: International Science Council.
https://council.science/current/news/open-call-for-nominations-2021-global-risks-scientists-perceptions-survey/

[그림 7-2]는 상위 35개의 글로벌 리스크를 경제, 사회, 환경, 기술, 지정학적 요인 등 다섯 가지 영역으로 구분한 것인데, 이 중 환경 분야의 요인들인 기후변화, 극심한 기후, 생물다양성 파괴와 함께 물 위기, 식량위기가 중점적으로 연계되는 것으로 나타났다. 또한 자연재난, 사회재난과 함께 감염병, 국가 거버넌스, 강제이주, 도시계획, 사회 불안정성 등이 상호 연계되어 있다.

제멘 외(Gemenne et al.)의 연구에서는 기후변화와 안보 문제 사이에 핵심적인 연결 관계가 있다는 점에 주목하여 국가안보, 갈등, 지정학적 경쟁 등 다양한 문제들이 기후위기와 함께 고려되어야 함을 강조한다(Gemenne et al., 2014). 기후 영향에 대한 다른 체계의 취약성이 높아질수록 기후 대응에 대한 적응이 어려울 뿐더러 사회 전체에 결정적인 위협 요인으로 작용할 수 있기 때문이다. 토지이용변화와 산림 파괴, 탄소저장량 변화, 식량 부족 등은 강제이주와 같은 사회 문제를 불러일으키며, 다른 분야의 정책들까지 취약하게 만들 수 있다.

유엔 대학의 환경・인간안보연구소(UNU-EHS)에서 발행한 '상호 연결된 재난위험 보고서(Interconnected Disaster Risks Report 2020/2021)'에서도 가뭄이나 홍수, 폭염, 감염병, 산불, 한파 등 다양한 재난 현상이 서로 밀접한 관련이 있으며, 과거 영향을 기반으로 또 다른 재난을 만들어낸다는 점을 지적한다(UNU-EHS, 2021). 이를테면, 2020년 5월 인도, 방글라데시 지역에 발생한 대형 사이클론 엄펀(Cyclone Amphan)은 100명의 사망자와 약 490만 명의 이재민, 130억 달러에 달하는 막대한 재산피해를 남겼는데, 이는 지구온난화로 인한 기후변화, 인간에 의한 온실가스 배출 증가가 주된 원인으로 작용했다. 태풍으로 인해 해당 지역의 보건소가 파괴되었는데, 코로나19로 인해 경제와 의료사정이 취약한 해당 지역주민들은 엄청난 피해를 받았다. 이 보고서에 따르면 사이클론은 매해 발생하는 재난 중 하나이지만 그에 대한 재난위험의 관리가 불충분했으며, 기후변화 대응에 드는 환경 비용편익에 대한 저평가로 인해 발생한 재앙의 결과였다.

3 한반도 기후변화와 북한

전 세계적으로 기후변화 현상이 가속화되는 가운데, 한반도는 지난 30년 간 전 세계 평균보다도 빠르게 기후변화가 진행 중이다. 지금의 탄소배출량 추세가 지속될 경우 한반도 전역의 기온상승 정도는 파리협정 1.5도를 훨씬 상회하여 더욱 빈번한 자연재해가 발생할 것으로 예측된다.

북한은 전 세계에서 기후변화에 가장 취약한 국가 중 하나로 평가되고 있다. 2013년 '세계 기후 위험지수(Global Climate Risk Index)'에 의하면 북한은 전 세계에서 7번째로 자연재해에 취약한 국가다. 유엔 산하의 재해경감전략기구(United Nation International Strategy for Disaster Reduction: UNISDR) 및 루뱅대학의 재난역학연구센터(Centre for Research on the Epidemiology of Disasters: CRED) 보고서에 따르면 북한의 자연재해 사망자 수는 2016년 기준 세계 상위 4위를 차지한다(CRED, 2016). 이는 중국, 인도, 에콰도르 다음으로 높은 순위인데, 중국과 인도의 경우 인구 대국인 점을 감안하면 북한이 더 심각한 수준임을 알 수 있다. 재난역학연구센터에 따르면 2007~2016년 북한의 자연재난 총 17건 가운데 홍수(큰물)가 10건으로 가장 많았고, 태풍 5건, 가뭄(가물) 2건 순이다. 김정은 시대에 들어서는 2015년 나선시 홍수와 2016년 8월 함경북도에서 발생한 태풍 등 두 차례의 자연재난이 발생하여 대규모의 이재민과 사망자가 발생한 바 있다.

경제평화연구소의 '생태위협보고서(Ecological Threat Report: ETR)'에 의하면, 북한은 생태학적 위협이 가장 큰 국가(greatest threat faced by hotspot countries) 30개국에 속하며, 자연재해 위협의 노출도는 최고점(5점)에 해당하는 기후변화 취약국으로 평가되었다(IEP, 2021). 독일 비정부 환경단체인 저먼워치(Germanwatch)에서는 2013년 북한의 세계기후 위험지수(Global Climate Index)를 7위로, 유엔식량농업기구(Food and Agriculture Organization of the United Nations: FAO)는 북한의 위험관리지수를 전 세계 하위 27%로 평가했다는 점에서 북한은 기후변화 대응에 매우 취약한 국가로 판단된다.

북한은 기후변화 대응에 전반적으로 매우 취약할 뿐 아니라 지역별 적응 역량에도 큰 차이가 있다. 미국 국가정보국(DNI)이 꼽은 기후변화대응 취약 우려국 11개 중 하나로 아프가니스탄, 미얀마, 인도 등과 함께 북한이 지목된 바 있다(National Intelligence Council, 2021: 11). 북한 지역의 평균 강수량은 증가했으나 강수일은 감소하며 집중호우 빈도가 증가하였다. 이로 인해 겨울-봄철 가뭄 기간은 더 길어지면서 농경지 피해는 심각한 수준에 달하는 것으로 평가된다. 국제 재난통계인 EM-DAT에 따르면 북한의 기후변화에 의한 자연재해(홍수, 태풍, 가뭄, 폭염)는 1990년대에 비해 2010년대 두 배 증가하였다(EM-DAT 참고). 여기서 북한의 열악한 인프라와 자원관리는 증가하는 홍수, 가뭄에 대처하는 능력을 약화, 만성적인 식량 부족을 야기한다. 북한의 시·도 기후변화에 대한 적응 역량은 평양 지역이 가장 높고, 그 다음으로 평양에 인접한 평안남도가 높으나 그 차이가 현격하다. 또한 황해북도, 황해남도의 적응 역량은 특히 떨어지는데 산림 차지비율이 낮고, 상하수도 등 인프라 구축이 미비하기 때문인 것으로 평가된다.

북한의 기후 취약성은 국가발전과 주민생명에 중대한 위협 요인으로 작용한다. 북한이 제출한 2021년 VNR(Voluntary National Review, 자발적 국가검토 보고서)에 따르면 자연재해로 인한 사망자와 실종자 수는 2016년에 인구 10만 명 대비 2% 이상의 북한 주민들이 사망하거나 실종되었다(VNR, 2021: 40). 기후변화의 영향을 받는 다른 삶의 영역들, 이를테면 생명권을 비롯하여 이동 및 거주의 자유, 재산권, 식량권, 건강권, 식수권과 위생권, 환경권 등에 부정적인 영향을 미친다.

북한 기후위기는 한반도뿐만 아니라 동아시아, 국제정치 전체에 안보 위협이 될 가능성이 존재한다. 마흐 외(Mach et al.)의 연구에 따르면, 지난 한 세기 동안 발생한 무력분쟁의 3%에서 20%는 기후변화로 인해 촉발되었으며, 기후변화는 현재까지 분쟁의 5%에 걸쳐 '상당한 위험(substantial increase)'을 유발했다(Mach et al., 2019: 193-197). 산업화 이전 평균기온 상승 2℃ 시나리오의 경우 13%의 확률로, 4℃ 시나리오의 경우는 두 배 이상 증가한 26%의 확률로 무력분쟁의 발생 가능성이 증가할 것으로 예측된다. 이 연구는 기후변화는 사회, 경제, 환경 전반에 포괄적인 영향을 미쳐 다른 요소들과 연계되어 갈등을 유발할 수 있다는 점에서 직·간접적으로 기후변화가 분쟁을 촉발하는 중요한 요인으로 작용할 수 있음을 시사한다. 북한에서 폭염, 가뭄, 극단적 강수현상이 더 심해질 것으로 예측되는 상황에서, 이로 인한 식량위기의 증가, 무력분쟁과 같은 비극적인 상황이 촉발될 가능성도 무시할 수 없다.

4 기후변화로 인한 북한의 재난

북한은 2021년 VNR을 통해 스스로 '극심한 기후변화가 잦은 나라'로 진단했다. 이 보고서에서는 1990년대 이후 홍수와 태풍 등 자연재해로 인해 북한이 많은 피해를 받고 있다는 것을 공개적으로 밝혔다. 유엔의 자료에 의하면, 2019년 태풍 링링(Typhoon Lingling)의 경우 북한의 7만 5,226ha의 농경지를 침수시키고, 북한의 핵심 농업군 중 하나인 청단군의 콩 농업 생산량에서 60%의 손실을 초래한 바 있다(UN, 2020: 14).

북한에서 발생한 것으로 보고되는 대규모의 재난은 사회적 요인보다 자연적 요인에 의한 경우가 훨씬 많다. 북한에서 자연재해란 "자연계에서 일어나는 부정적인 자연 현상이나 자연과정으로 인하여 사람들의 생활과 경제 활동에서 받는 재해로 가물(가뭄), 큰물(홍수), 바람, 서리, 지진 등으로 생기는 재난이나 피해"라 정의한다(조선대말대사전, 2004: 921). 북한에서 자연재해는 발생 원인에 따라 기상수문학적 재해, 지질학적 재해, 생물학적 재해, 기타 등으로 구분한다.

북한의 각종 재난 상황을 보면 이상기후에 더해 무분별한 국토개발과 산림의 훼손, 재해 예방과 복구에 대한 사회적 인프라의 부족으로 인해 피해가 가중되고 있다. 자연재해와 식량난, 주민의 영양 부족, 풍수해 이후 발생하는 전염병과 가축전염병, 이에 대한 국가의 통제 능력 상실 등 열악한 환경과 인프라 부족으로 인해 자연재난과 사회재난이 결합되어 나타나는 복합재난의 형태가 많다는 것도 북한 재난의 특징 중 하나로 볼 수 있다(홍윤근, 2020: 55). 북한에서 기후변화와 연관된 다양한 재난의 유형이 있으나 대표적으로 환경, 식량, 에너지 안보 측면에서 정리해보면 다음과 같다.

1) 환경 분야

매년 북한은 자연재해로 인한 막대한 인명 및 재산 피해를 입는다. 1990년대 북한에서 수많은 아사자가 발생했던 '고난의 행군' 시기를 촉발한 직접적인 원인도 홍수였다. 1995년 7월 31일부터 8월 18일까지 근 20일 간 일 평균 583mm의 기록적 폭우가 내렸고, 농경지 36만 정보 유실 및 곡물 생산도 급감했다. 이듬해인 1996년 다시 수해가 있었고, 1997년엔 극심한 가뭄이 잇따르면서 경지 면적의 대량 유실 및 식량 생산의 대폭적 감소를 가져왔다.

2000년대에 들어서도 북한에서 태풍, 홍수, 가뭄 등 자연재해가 더욱 빈번하게 발생하는 양상을 보이는데, 이는 기후변화와 무관하지 않다. 지난 100년 간 북한의 기온은 1.9℃ 상승하여 세계에서 두 번째로 높은 상승률을 기록했다. 권민성 외(Kwon et al.)의 연구에서는 향후 기후변화의 영향으로 한반도 북부 지역이 남부 지역에 비해 강수량이 크게 증가할 것으로 예측하고 있다(Kwon et al., 2019: 270).

기상재해는 농경지를 중심으로 대규모 피해를 가져왔고, 이것이 북한 전체의 농업생산에 큰 영향을 주는 것으로 보인다(최용호,

2022). 작년 한 해 동안에도 봄철 가뭄과 고온으로 인하여 농작물 수확과 초기 작황에 어려움이 컸을 것으로 보인다. 특히, 북한의 주요 작물인 벼와 옥수수의 초기 생육에 부정적인 영향을 미쳐 생산량 감소로 이어졌을 가능성이 크다.

표 7-1 북한의 주요 기상재해와 피해 현황

연도	주요 피해 현황
2007	전국, 홍수와 태풍(나리), 사망 실종 600명, 이재민 90만 명, 경지 피해 22만ha
2010	전국, 홍수와 태풍(곤파스), 사망 11명, 이재민 12만 명
2011	전국, 홍수와 태풍(무이파, 메아리), 사망 68명, 이재민 3만 명
2012	전국, 평안남북도, 홍수와 태풍(볼라벤), 사망 231명, 이재민 21만 명, 경지 10만ha
2013	평안남북도, 자강도, 홍수, 사망 189명 이재민 4만 9,000명, 경지 13,000ha
2014	전국, 2014년 3월부터 18개월 간 가뭄, 식량 생산 감소, 18만 명 영향
2015	황해남도, 함경남북도, 홍수와 태풍(고니), 사망 61명, 이재민 25,500명(2년 간 황해남북도 논면적 58~80% 피해)
2016	평안북도, 함경북도, 홍수와 태풍(라이언록), 사망 670명, 이재민 14만 명, 27천ha
2017	서부 평야 지대, 가뭄, 생산 감소, 110만 명 취약계층의 영양 부족 초래, 5만ha
2018	황해남북도, 이상고온, 홍수와 태풍(솔릭), 사망 151명, 이재민 10,700명, 9,900ha
2019	서부 곡창 지대, 태풍(링링), 사망 5명, 이재민 6,300명, 46천ha
2020	서부 곡창 지대, 기록적 강우, 네 차례 태풍 상륙, 2007년에 준하는 피해 발생

출처: 김영훈(2022: 7).

캐서린 딜 외(Catherine Dill et al.)의 연구에 따르면 2035년에는 북한의 심각한 가뭄이 최소 3개월 증가, 2050년에는 북한 해수면이 약 1피트, 0.3m 상승하여 기반시설은 물론 해안 농경지에도 악영향을 주며, 군사시설을 비롯한 주거단지, 상업과 교통기반시설, 농업시설 등이 폭우로 침수될 위험이 더 높아진다. 또한 서해안의 쌀과 옥수수 곡창 지대가 큰 타격을 입을 것이며, 강수량과 온도변화로 인해 함경남도와 평안북도에 흉작 가능성이 높아질 것이라 전망하였다(Dill et al., 2021).

북한의 기상재해는 이와 연관된 안보의 위기를 동시에 심화시킨다. 이상기후는 산림재해와 아열대성 병해충 발생을 증가시키며 산림해충의 생태변화를 유발한다. 또한 지구온난화의 영향으로 대형산불의 발생도 증가하는데, 대형산불은 인명, 재산 피해뿐 아니라 산림생태계 파괴와 대량의 이산화탄소 방출을 초래하여 지구온난화를 가중시킨다(산림청, 2009: 43-33).

북한에서 산림파괴는 자연재해 피해를 가중시키는 대표적인 요인으로 꼽힌다. 북한의 산림면적은 뙐감을 위한 벌채, 다락밭 조성 등으로 지속적으로 감소하고 있다. FAO 통계에 따르면 북한의 산림면적은 1990년 691만ha에서 2018년 607만ha로 줄어든 것으로 나타났다(FAO STAT 참고). 1980년대 이후 북한은 환경보호법(1986), 산림법(1992) 등을 제정하며 환경, 산림보호 정책을 추진하였고, 북한 주민들을 상대로 지구온난화 방지를 위한 국제사회의 노력을 홍보하며, 나무심기운동, 산림조성 방법과 관리 기술 등을 교육하고 있다. 그럼에도 북한 산림 황폐화는 주민들이 주변 산림으로부터 식량·에너지·원자재 등의 부족을 직접 해결하는 과정에서 야기된다. 산림의 과도한 이용은 산사태와 토양유실을 촉진하여 자연재해의 위기를 심화시키며, 산림의 물 공급, 목재·연료 공급 등의 기능을 약화시켜 만성적인 빈곤을 초래한다. 또한 기후변화 측면에서 북한 산림 황폐화는 지구의 탄소 수지(global carbon budget)를 악화시켜 기후변화 대응을 위한 온실가스 감축에 역행한다.

2) 식량 분야

WEP에 따르면 기후변화는 분쟁 다음으로 기아의 주요 원인이 된다(WFP, 2021). 기후변화에 취약한 지역에 거주할 경우 식량 생산, 가용성 및 접근성에 상당한 영향을 미친다. 또한 기후변화는 식량의 영양가치를 감소시키며, 식량 손실로 인한 폐기량을 증가시키는 등 직·간접적으로 여러 부정적인 결과를 가져온다(Concern Worldwide US, 2022).

북한 식량난은 자체 생산량이 부족한 것에서부터 기인한다. 북한은 외부의 지원과 수입을 통해 부족분을 충당하고 있으나, 여러 제약으로 인해 만성적인 식량 부족에 시달리고 있다. 1990년대 북한의 가장 극심한 경제난은 1980년대 말 사회주의 진영 공급망 해체로 원유 수입과 무역이 급감하며, 북한의 산업 및 공장 가동률 저하를 유발해 농자재 공급과 식량 생산의 차질로 이어진 것이었다. 국제적 식량 수입과 지원이 감소하면서 자체적으로 가용량을 확보하는 데 실패했다.

북한은 지배계층을 중심으로 군수공업에 집중 투자하는 왜곡된 자원배분 메커니즘과 농업 부문의 낮은 생산성이 누적됨으로 인해 만성적으로 식량위기에서 벗어나지 못하고 있다. 북한은 이상기후와 자연재해, 농자재 공급 부족, 상업적 수입과 국제사회 지원의 변동성으로 인해 식량 공급이 원활하지 않으며, 식량 배급제도의 와해, 경기침체에 따른 소득 보장의 어려움으로 일반주민들의 식량에 대한 접근성도 매우 불안정하다. WHO와 FAO가 권장하는 1인당 1일 평균 칼로리 섭취량의 75%(1,640kcal), 가축을 위한 곡물사료, 종자용, 가공용 곡물, 수확 후 감모 등을 고려하면 북한은 적어도 연간 600만 톤의 곡물이 확보되어야 한다. 하지만, 북한은 이 정도의 곡물을 자체 생산할 수 있는 절대적 생산량이 부족하며, 거의 매년 발생하는 자연재해로 인해 곡물 생산량의 변동성이 크다. 식량 생산이 수요에 미치지 못할 경우 외부 지원에 의해 부족한 식량을 공급해야 하나 이 또한 안정적으로 이루어지지 못한다. 이러한 상황에서 북한의 공적 배급체계 및 편중된 생산과 분배시스템을 감안하면, 사회적 약자나 유통망에서 소외된 주민들의 식량 접근은 더욱 어려운 것으로 예상된다.

식량난으로 인해 북한 정권이 붕괴할 가능성은 크지 않으나, 북한 주민들의 식량 부족 현상은 앞으로 더욱 커질 것으로 예상된다. 영농에 필수적인 비료나 농자재의 수입 감소는 북한의 식량 상황을 악화시키는 요인으로 작용하며, 지속되는 대북제재와 함께 국제 곡물가격이 급격히 상승하는 현시점에서 국제사회의 대북 식량 지원도 원활하게 이루어지긴 어려울 것으로 보인다.

장기적으로 지구온난화의 영향으로 곡물뿐 아니라 농산물 생산 전반에 악영향을 미칠 것으로 전망된다. 폭염이나 한파, 폭설, 폭우 등 이상기후 현상이 빈번하게 발생하고, 가뭄과 장마의 지속기간이 연장되면서 대체로 농업에 부정적 영향을 줄 것이다. 결국 기후변화와 연계된 식량위기는 인도적 위기를 증폭시키며, 신흥안보의 중심에서 북한에 심각한 국가 위기를 초래할 가능성도 무시할 수 없다.

3) 에너지 분야

북한 경제에서 상당한 어려움이 있을 것으로 예측되는 부문은 식량 부문과 함께 에너지 부문이 꼽힌다(KDI, 2021). 북한의 에너지 위기는 1990년대 이후 잦은 자연재해와 체제의 폐쇄성 등으로 인해 침체기를 겪었으며, 장기간에 걸친 경제난 등으로 인해 에너지 수급에 있어 만성적인 부족 현상이 지속되고 있다(배성인, 2010). 2020년 기준 북한의 원유 수입량은 3,885천 배럴인데, 같은 해 남한의 원유 수입량은 980,259천 배럴로 북한의 약 252배 수준이다(통계청 북한통계포털 참고).

북한의 경우 석탄 사용에 의한 이산화탄소 배출이 기후 문제를 악화시킨다. 북한은 수력발전이 전력구조의 중심을 이루며 부수적으로 화력발전을 이용하는데, 자력갱생의 원칙에 입각해 화력보다는 수력을, 석유보다 석탄의 개발을 우선시한 결과 전체 에너지 공급에서 수력발전의 비중이 1990년 15.5%에서 2018년경에는 30% 수준으로 증가하였다(곽대종, 2018: 22-23).

북한 내부 담론상 재생에너지 개발의 주된 목적은 전력 문제 해결이며, 수력, 풍력, 지열, 태양, 조수력, 오물에너지 등 자연에너지 개발이 경제건설 및 인민생활 향상을 위한 선결 조건이라 강조한다(박상철, 2015). 김정은 시대에 들어 2013년 8월 재생에네르기법 제정, 2014년 '자연에네르기 중장기개발계획'(2044년까지 500만kw 발전 목표) 수립, 국가과학원 산하에 자연에네르기 연구소 설립, 2020년 '2019~2030 국가환경보호전략' 수립 등 기후변화 대응 및 신재생에너지 개발을 위한 정책들을 적극 추진하고 있다. 그러나 실제 북한의 기후변화에 대한 기여도는 아직까지 높지 않은 상황이다. 북한 내부적으로 증가한 재생에너지 관련 담론들은 대내용이 아닌 대외 선전매체에만 주로 보도된다는 점에서 실제 정책이 추진되고 있다기보다는 선전적 측면이 강하다. 또한 북한은 절대적 온실가스 배출량이 높은 국가는 아니기에, 북한이 자국에 매장된 석탄을 본격적으로 활용한다면 국제적 기후변화 대응 흐름에 역행하게 될 가능성도 크다.

5 북한의 대응 노력

북한에서는 국가운영에 기반이 되는 최상위의 원칙인 최고지도자의 교시, 또는 이들의 현지지도가 여타의 법체계에 우선한다. 자연재난과 관련한 북한 최고지도자의 교시로는 1977년 2월 11일 김일성의 "한랭전선의 영향을 이겨내고 농업생산을 더욱 발전시킬데 대하여"라는 담화이다(김일성, 2005). 여기서 김일성은 세계적 한랭전선의 영향으로 급격한 기후변동과 이상기후 현상에 직면한 시점에서 자연재해를 이겨내기 위해 전체 인민이 총동원될 준비태세를 갖추어야 한다고 강조한다. 김정일은 2008년 4월 2일 "큰물피해를 막기 위한 대책을 철저히 세울 데 대하여"라는 담화를 통해 지구온난화의 영향으로 인한 기후현상에서 홍수피해를 막기 위한 국토건설사업, 국토환경보건성의 통일적 지휘, 정확한 기상예보 등을 언급한 바 있다(김정일, 2014). 2000년대 들어 북한은 가뭄이나 집중호우 등을 더 빈번하게 겪으면서 2005년 11월 기상법을 제정하는 등 기상관측과 예보 등 기상사업을 발전시키려는 의지를 보이기도 했다.

김정은 시기에 들어 기후변화가 미치는 부정적인 파급력을 인지하고 있는 것으로 보인다. 2019년 9월 당 중앙위 제8기 3차 전원회의에서 김정은은 "세계적으로 재해성 기상현상이 우심해지고 있고, 우리나라에도 그 위험이 닥쳐들고 있는 상황"이라고 지적했다. 특히, 시·군에 자연재해가 닥쳐도 안전하게 관리해나가는 것이 정치국 확대회의의 핵심사상이자 당의 경제정책에서 가장 우선적인 중심과제라고 강조하였다. 적어도 5개년 계획 기간에 강하천 정리와 사방야계(하천정리) 공사, 제방 보수와 해안방조제 공사를 기본적으로 결속하고, 정상관리에 들어갈 수 있도록 계획을 적극적으로 세워야 한다고 제시하였다.

북한은 재해재난에 대응하기 위하여 2014년 6월 재해방지 및 구조·복구법을 제정한 바 있다. 이 법은 총 6장 63조로 구성되어 있으며, 기본사항과 재해방지계획, 재해성 자연현상에 대한 관측과 경보, 재해방지물자의 조성과 공급, 재해구조 및 복구, 재해방지 및 구조, 복구사업에 대한 지도통제 등을 다룬다. 이처럼 북한도 형식적으로는 우리와 유사하게 재난관리를 예방, 대비, 대응, 복구의 4단계로 구분하고 있다. 동법으로 국가비상설재해대책위원회를 구성하여 대표적으로 2019년 9월, 2020년 9월 등 태풍 대비 관련하여 자연재해 대응을 주도하면서 국제회의, 인접국가 및 적십자와 협력 등을 추진하고 있다(허정필, 2021: 8-9). 이러한 재난관리 기본법 이외에도 각 분야별 법규로는 풍수해와 관련한 토지법, 산림법, 하천법, 물자원법, 기상법 등이 있으며, 전염병과 관련하여 인민보건법, 전연법예방법, 국경위생검역법, 수의방역법 등이 있다. 또한 2022년 10월 북한은 위기대응법을 제정하였는데, 여기에서는 자연재해위기, 보건위기 등 비상위기에 대응하기 위한 통일적 지휘체계와 사업체계, 위기발생 시 예비물자 조성 등을 언급하고 하고 있다(조선중앙통신, 2022.10.7).

대외적으로도 1994년 12월 유엔기후변화협약(the United Nations Framework Convention on Climate Change: UNFCCC)의 비준을 시작으로 2005년 교토의정서(the Kyoto Protocol), 2016년 8월 파리협정(the Paris Agreement) 등을 비준하였다. 유엔기후변화협약(UNFCCC)에 북한이 제출한 보고서에서는 기후변화 대응을 위해 환경보호법, 환경영향평가법, 대기오염방지법 등을 포함하여 국가 법률과 정책 기조를 통해 강화된 22개 법률과 중장기 전략이 제시되어 있다. 또한 북한은 파리협약 당사국으로 국가온실가스 감축목표(NDC)를 2016년, 2019년에 제출하면서 2030년까지 온실가스 배출량을 16.4%(BAU 기준) 줄이고, 국제사회의 지원이 있을 경우 36%를 추가 감축하겠다고 밝히며, 파리협정 1.5도 목표 달성에 적극적인 모습을 보이고 있다.

이 밖에도 국제사회 재난위험경감 기본전략인 센다이 프레임워크(Sendai Framework for Disaster Risk Reduction)를 반영하여 북한식 '2019~2030 국가재해위험감소전략'이 공개되기도 했다. 북한 매체에 따르면 "국가의 통일적인 지휘 밑에 현존하거나 잠재하는 재해위험들을 미리 막는 것과 함께 재해 대응력, 회복력을 높여 지속적인 사회경제발전을 담보하며, 사람들의 생명재산과 경제적, 사회적, 문화적 및 환경적재부의 피해를 최대한 줄이는 것이 이 전략의 총적목표"라고 설명한다(조선의 오늘, 2020.3.21). 2030년까지 재해위험과 인명, 생명, 보긴의 피해를 현저하게 줄이기 위한 목적으로 7가지 목표, 4가지의 우선행동순위, 13가지의 지도원리가 제시되어있다. 세부적 이행방안으로는 2022년까지 도, 시, 군 인민위원회에서 지역재해위험 감소계획을 수립, 자연재해경보체계 구축 등이 있다.

이러한 북한 당국의 법적 · 제도적 조치에도 불구하고 열악한 국가사정으로 인해 실질적인 재난관리체계가 갖추어져 있지 못하다. 북한 당국이 주민의 안전보다는 체제 유지를 최우선시하는 만큼 북한의 재난 상황과 주민들의 반응은 의도적으로 왜곡되거나 은폐되면서 재난안전교육도 효율적으로 이루어지지는 못하고 있다(석재왕 · 홍윤근, 2020: 129). 방재시설이나 긴급구호체계 미흡, 전문 인력의 부족, 재난 데이터베이스의 부재 등 재난관리체계가 효율적으로 작동하지 못하기 때문에, 북한은 기후변화의 영향을 더 많이 받으며 재난 대응에 있어 훨씬 취약하다.

6 결론: 남북한 협력 방향과 과제

최근 기후변화 의제에 대한 안보화 담론은 국제수준에서 여러 경로를 통해 활발하게 전개되고 있다. 한반도의 안보 환경에서도 기후변화는 중요한 요소로 작용한다. 기후변화로 인한 남북 접경 지역에서의 분쟁 가능성뿐만 아니라 식량 사정이 좋지 않고 재난 대응체계가 미흡한 북한의 상황에서 대량 탈북 등 예측하기 힘든 돌발 상황이 발생할 수 있다. 한반도를 둘러싸고 환경, 에너지 문제는 제3차 세계대전을 촉발하는 지점이 될 수도 있다.

신흥안보의 요인들은 현재에는 잠재해 있으나 미래에 나타날 수 있는 위협들을 포괄한다. 어느 한 국가에만 국한되지 않으며 각 이슈들이 연쇄적으로 진행될 가능성도 크다. 그렇기 때문에 기후변화 이슈들은 국가안보의 전통적 패러다임을 벗어나 여러 국가들의 협력과 상생의 구조 하에 공동대응을 위한 논의가 이루어져야 한다.

지금껏 호우기에 남북 공유하천인 임진강 유역의 방류 문제로 남북 간 크고 작은 갈등이 지속적으로 발생해왔다. 2009년 9월엔 북한의 기습적인 황강댐 무단방류로 인해 임진강 수위가 단시간 내 급상승하면서 우리 국민 6명이 물에 휩쓸려 사망하는 사고가 발생하기도 했다. 여타 접경지역에서도 수자원분쟁, 사막화분쟁, 극지해빙과 해수면 상승 등으로 인한 무력분쟁이 발생한 사례들을 찾아볼 수 있다. 국제적 기후변화 이슈에 대한 지나친 안보화는 지양될 필요도 있으나(Gleditsch, 2012), 한반도의 분단 상황을 고려할 때 기후변화 취약국인 북한에 기후위기 대응 노력을 구축하도록 지원하는 것이 향후 안보위협을 줄이는 데 이익이 될 것으로 보인다(National Intelligence Council, 2021).

기후위기에 대한 공동대응은 시대적 상황에 따라 남북이 공통된 위협에 함께 대응한다는 점에서 상징성을 갖는다. 신흥안보의 초국경적 특성으로 어느 한 국가가 독자적으로 대응하기 어려우며, 유관국가 간 연계대응이 효과적이기 때문에 남북 간 상호 협력에 대한 명분을 제공할 수 있다. 남북교류가 과거 일방적이고 불균형적인 구조를 벗어나 양측 모두에게 이익이 되는 사업으로 추진될 수 있으며, 대외적으로도 기초적인 인권 문제와 관련된 비정치적 사안으로서 남북협력에 대한 정당성을 확보할 수 있다.

최근 북한은 유엔기후변화협약 당사국 총회에 참석하며, 국제사회의 기후변화 논의에 동참 의지를 보이고 있다. 2019년 북한은 기후변화 대응을 위한 '유엔 기후행동 정상회의(Unitied Nations Climate Action Summit)'에 대표단을 파견하며 국제사회와의 협력 의지를 나타내기도 하였다. 북한이 온실가스 감축 등 기후변화 대응에 관심을 갖는 주된 요인은 기후 문제가 북한 정권이 해결해야 할 주요 과제인 식량 생산과 직결되기 때문일 것이다. 또한 북한 내부적으로 추진 중인 산림녹화 사업이나 재생에너지 사업 등과 같은 방향성을 가지고 있기 때문인 것으로 보인다. 국제사회에서 기후변화 문제에 관심을 보이는 바 이에 동참하려는 의지를 피력함으로써, 국제사회와의 관계 개선을 도모하고 인도적 지원을 받고자 하는 노력의 일환으로도 해석될 수 있다. 이에 기후변화는 국제사회와 북한을 연결시키는 새로운 모멘텀이 될 수 있으며, 향후 남북 관계 개선에도 크게 기여할 수 있는 주제가 될 것이므로, 지속적인 관심 아래 구체적인 정책 방향이 논의되어야 할 것이다.

참고문헌

곽대종(2018). 북한 에너지전력 현황과 남북 태양광 분야 협력방향. 『KIET 산업경제』.

김상배(2016). 신흥안보와 메타 거버넌스: 새로운 안보 패러다임의 이론적 이해. 『한국정치학회보』, 50(1).

김영훈(2022). 이상기후와 북한농업, 그리고 협력과제. 『KREI 북한농업동향』, 24(2).

김일성(2005). 『김일성전집(61권)』. 평양: 조선로동당출판사.

김정일(2014). 『김정일선집(23권)』. 평양: 조선로동당출판사.

김호홍 · 오일석(2018). 신안보 분야 남북협력 추진 전략. 『INSS 전략보고』.

박상철(2015). 조선민주주의인민공화국에서 자연에네르기의 개발 전망. 『과학연구』.

배성인(2010). 북한의 에너지난 극복을 위한 남북 협력 가능성 모색: 신재생에너지를 중심으로. 『북한연구학회보』, 14(1).

산림청(2009). 『기후변화와 산림』. 대전: 산림청.

석재왕 · 홍윤근(2020). 북한주민의 재난 및 재난관리 인식에 대한 연구. 『국가안보와 전략』, 20(1).

윤정현(2021). 글로벌 불확실성 시대의 신흥안보 연구 동향과 시사점. *Future Horizon*, Vol.50.

이재은(2018). 『위기관리학』. 서울: 대영문화사.

조선대말대사전(2004). 평양: 평양과학백과사전출판사.

최용호(2022). 북한 식량 수급의 변화와 함의. *Health and Welfare Policy Forum*.

허정필(2021). 김정은 시대 북한재해관리 특징과 남북협력방안연구. 통일부 신진연구자 정책연구보고서.
홍윤근(2020). 북한의 재난발생 및 관리 실태. 『KDI 북한경제리뷰』.
KDI(2021.6.28). 북한의 에너지 경제: 변화와 쟁점. 북한경제전문가 〈대화〉.

Busby, Joshua W.(2007). Climate Change and National Security: An Agenda for Action. *Council Special Report*, No.32.
Dill, Catherine et al.(2021). Converging Crises in North Korea: Security, Stability & Climate Change. *Woodwell Climate Research Center.*
DPRK(2021). Democratic People's Republic of Korea Voluntary National Review On the Implication of the 2030 Agenda for the Sustainable Development.
Gemenne, François, Jon Barnett, W. Neil Adger & Geoffrey, D. Dabelko(2014). Climate and security: evidence, emerging risks, and a new agenda. *Climate Change*, No.123.
Gleditsch, N. P.(2012). Whither the Weather? Climate Change and Conflict. *Journal of Peace Research*, 49(1).
IEP(2021). Ecological Threat Report 2021. Institute for Economics and Peace.
Institute for Environment and Human Security(2021). *Interconnected Disaster Risks 2020-2021*. United Nations University.
Kwon, Minsung, Jang Hyun Sung & Jaehyun Ahn(2019). Change in Extreme Precipitation over North Korea Using Multiple Climate Change Scenarios. *Water*, 22(2).
Mach, K. J. et al.(2019). Climate as a risk factor for armed conflict. *Nature*, No.571.
National Intelligence Council(2021). "Climate Change and Internation-

al Responses Increasing Challenges to US National Security Through 2030. *National Intelligence Estimate on Climate Change.*

Puhl, Detlef(2016). Emerging Security Challenges: An Introduction. *Connections: The Quarterly Journal*, 15(2).

United Nations(2020). DPR Korea Needs and Priorities Plan. *Humanitarian Programme Cycle 2020.*

조선의 오늘(2020.3.21). 2019년~2030년 국가재해위험감소전략실현을 위한 노력.

조선중앙통신(2022.10.7). 조선민주주의인민공화국 최고인민회의 상임위원회 제14기 제22차 전원회의 진행.

통계청 북한통계포털, https://kosis.kr/bukhan/

Concern Worldwide US(2022.3.23). How Climate Change Increase Hunger (and Why We're All at Risk).

CRED, 2016 Preliminary Data1-Human Impact of Natural Disasters. https://www.cred.be/cred-crunch-45-2016-preliminary-data1-human-impact-natural-disasters.

EM-DAT, The International Disaster Database. https://www.emdat.be/

FAO STAT, www.fao.org/faostat/

WFP(2021.6.5). Climate Change Is Bad. But It's Perfect for One Thing: Hunger.

찾아보기

ㄱ

감정의 민첩성 28
공적개발원조(ODA) 166
교사용 지도서 136
권리를 박탈당한 슬픔 27
기후변화 183, 194
긴급구호 172

ㄷ

도구적 이성 37

ㄹ

레토릭(rhetoric) 15
로고스(logos) 18
로고테라피(logotherapy) 21
르상티망(ressemtiment) 26
리터러시(literacy) 83

ㅁ

마쿨라 모델 117

ㅂ

복구와 재건 174
비상상태 17
빅터 프랑클(Viktor Frankl) 21

ㅅ

사회적 배제 44
생태위협보고서(ETR) 192
세계인권선언 187
세계재난위험경감회의(WCDRR) 158
센다이 프레임워크 158
소극적 수용력 33
손실과 피해 157
신흥안보 183, 185, 205

ㅇ

아동의 취약성 133
에쿠멘(ecoumen) 15
에토스(ethos) 18

연방재난관리청(FEMA) 106, 114
예의 바른 무관심 30
위기 73
위험 73
위험사회 23
유엔기후변화협약(UNFCCC) 203
유엔 대학의 환경 · 인간안보 연구소(UNU-EHS) 190
유엔 재난위험경감전략사무국 (UNDRR) 160
윤리적 의사결정 모델 114
윤리행동강령 107
응급 74
인도주의적 호소 167
인도적 지원 166
인도적 지원-개발 연계 164
인류세 22

ㅈ

재난안전교육 130, 131, 132, 133
재난위험경감(DRR) 155, 168
재난 취약성 57
지속가능발전목표(SDGs) 161
직업윤리 103

ㅊ

취약계층 83

ㅋ

커뮤니케이션 76

ㅌ

탈성장 23

ㅍ

파토스(pathos) 18

ㅎ

학교안전교육 7대 표준안 129, 136
해외긴급구호대(KDRT) 173
혐오 41, 50

CERC 모델 78, 80
STEM 17
WEP 198

저자 소개

엄영호

- 연세대학교 행정학 박사
- 동의대학교 소방방재행정학과 교수

권설아

- 충북대학교 행정학 박사
- 충북대학교 국가위기관리연구소 재난안전혁신 센터장

김성현

- 중앙대학교 유아교육 박사
- 동의대학교 유아교육과 교수

김용하

- 고려대학교 국문학 박사
- 동의대학교 문학인문교양학부 교수

김윤희

- The George Washington University 재난관리학 박사
- 동의대학교 소방방재행정학과 교수

남수정

- 연세대학교 행정학 박사
- 연세대학교 빈곤문제국제개발연구원 연구교수

류상일

- 고려대학교 정책학 박사수료/충북대학교 행정학 박사
- 동의대학교 소방방재행정학과 교수

안지수

• The University of Texas at Austin 광고학 박사
• 동의대학교 미디어커뮤니케이션학과 교수

정원희

• 고려대학교 정책학(통일정책) 박사
• 강원대학교 통일강원연구원 선임연구원

재난관리의 주요 이슈

펴낸날 제1판 제1쇄 2023년 8월 31일
지은이 엄영호 외
펴낸이 임춘환
펴낸곳 도서출판 **대영문화사**
주소 (본사) 사무실: 경기도 고양시 일산서구 주화로 70
우신프라자 307호 (㊐ 10387)
(본사) 물류센터: 경기도 고양시 일산서구 덕산로
107번길 68-50 (㊐ 10205)
등록 1975년 12월 26일 제3-16호
전화 (031) 913-3062, (031) 914-3884~5
팩스 (031) 913-3839
홈페이지 http://www.dymbook.co.kr

ISBN 978-89-7644-910-8
값 17,000원